M E K O N G

ABENTEUER MEKONG

EINE FLUSSREISE VON CHINA NACH VIETNAM

BILDER UND TEXTE
VON ANNETT UND MARIO WEIGT

Inhalt

Erste Seite:
Größer kann der Gegensatz nicht sein: Bequem mit der „Mekong Explorer“ auf luxuriöser Flusskreuzfahrt auf dem Mekong dahingleiten oder im lärmenden Speedboot, eingepfercht und behelmt, über das Wasser brettern.

Seite 2/3:
Von Thailand hat man einen fantastischen Blick auf die Karstberge in Laos. Mit der Personenfähre zwischen Nakhon Phanom und Thakhek dürfen nur Thais und Laoten pendeln.

Seite 4/5:
Die Lotusblume gilt seit Jahrtausenden als Sinnbild von Schönheit und Reinheit und im Buddhismus ist sie ein religiöses Symbol. Gestecke aus Lotusblüten, Räucherstäbchen und Kerzen sind beliebte Opfergaben in buddhistischen Tempeln. Zudem zählen die fingernagelgroßen, grünen Samen als beliebter Snack bei den Kambodschanern.

Seite 8/9:
Im Frühjahr wird auf der Insel Koh Pbain hauptsächlich Tabak geerntet. Die Tabakbauern verpacken die getrockneten Blätter in Säcke und bringen sie frühmorgens per Pferdekutsche zum Markt nach Kompong Cham. Im Dezember, wenn der Wasserstand des Mekong langsam sinkt, beginnen die Einheimischen, eine 600 Meter lange Brücke aus Bambus und Holz von Kompong Cham zur Insel zu bauen. Brückengebühr für Kambodschaner sind 2000 Riel, knapp 40 Eurocent, Ausländer zahlen das Doppelte.

Abenteuer Mekong – Eine Flussreise von China nach Vietnam

„Die heiligen Nagas wohnen in dunklen Grotten, hinter Felsvorsprüngen und in reißenden Stromschnellen. Ihr müsst sie gnädig stimmen, dann helfen sie euch, gefährliche Hindernisse zu überwinden. Hier, nehmt diesen Beutel Reis für die Flussgeister und spendet eine Handvoll, sobald das Wasser zu unruhig wird", verabschiedet uns Kham Sings Frau bevor wir in sein wackliges Holzboot steigen. Laoten glauben an Flussgeister, die den Bootsfahrern bei Unwetter und tückischen Strudeln helfen. Verärgert man jedoch die heiligen Schlangenwesen, können sie auch schnell das Boot zum Kentern bringen. Kham Sing lebt mit seiner Frau und den vier Söhnen auf der idyllischen Insel Don Khon in Si Phan Don, was übersetzt 4000 Inseln bedeutet. Wir lernten ihn schon vor zehn Jahren kennen. Damals arbeitete Kham als Fischer und verdiente sich in der Nebensaison ein wenig Geld mit

Auf der Fahrt zwischen den Inseln Don Khong und Don Khon in Si Pan Don. Dieses kleine wendige Boot hat gerade genug Platz für zwei Personen, Gepäck und einen Bootsführer.

Bootstouren dazu. Ein kleiner, hagerer Ma immer ein freundliches Lächeln auf den Lipp der sich bestens in diesem Delta auskennt. V wollen mit seinem Boot in den Geisterwald u später zu den Irrawaddy-Delfinen fahren. In d Trockenzeit, wenn der Wasserstand des Meko am niedrigsten ist, eröffnet sich dem Reisend eine bizarre Landschaft mit windschiefen Bäum was hier allerdings „wasserschief" heißen mu Während der Monsunzeit, wenn der Meko weit über die Ufer tritt, stehen die Baumkron unter Wasser und passen sich der Fließrichtu an. Eine Märchenwelt, die jedes Jahr aufs Ne in der Trockenzeit erscheint.

Wer jemals durch die amphibische Inselw Si Phan Don schipperte, oder auf einem der viel Felsen saß und von dort die Sonne untergeh sah, dabei den Dreiecksformationen der Ku reiher am Himmel nachschaute und dem G geln des Mekong lauschte, wird schnell fühle dass dieser Fluss mehr als nur ein dahinfließe des Gewässer ist. Der Mekong ist Wohnstät Handelsweg, Lebensader, Mythos und Gehei nisträger. Er transportiert Menschen, Tie Waren, Schicksale, Ideen, Träume, Schwü traurige und kuriose Geschichten. Der Str trennt Staaten und Ideologien, Fortschritt u Althergebrachtes. Sein Wasser nimmt und gi im Rhythmus der Jahreszeiten. Über ihn we ein Hauch von Sehnsucht, Melancholie u Abenteuer. Er riecht nach Opium, schmeckt na Diesel und erfüllt lang ersehnte Wünsche. Es der Fluss Buddhas, der Erleuchtung, der Klöst goden und heiligen Schreine. Obwohl der ekong nicht voller Hingabe, wie Ganges oder ahmaputra, als heiliger Fluss verehrt wird, so hlt man sich dennoch stets von einer permanten Spiritualität umgeben.

Zwischen Frachtschiffen und Luxus-Kreuzern

Wir bereisen die Hauptschlagader Südostiens im Zeitlupentempo oder auf der Überholur, meist flussabwärts, entweder spartanisch it einem chinesischen Frachtschiff oder ganz rnehm auf dem Teakholz-Kreuzer, manchmal ettern wir über die Wasseroberfläche mit dem eedboot oder tuckern gemächlich mit einem scherboot. Wo es auf dem Wasserweg nicht möglich ist, nutzen wir den Bus, das Taxi, das dreirädrige Tuk-Tuk oder ein gemietetes Moped.

Wir lernen während unserer Flussreise Menschen kennen, die den Mekong fürchten, ihn lieben und von ihm leben. Wie Kham Sing, der als Fischer kaum noch Geld verdient. Seitdem die riesigen Fischschwärme von Si Phan Don fernbleiben, die bisher immer in der Trockenzeit den Mekong in Richtung Norden hinaufwanderten, weil in Kambodscha der Mekong und Tonle Sap mit allen Mitteln abgefischt werden. Jetzt versucht Kham seine Familie mit Bootstouren zu ernähren. Oder da wäre Herr Sonam aus dem südchinesischen Dorf Rozong, dort wo der Mekong noch Lancang Jiang, „Turbulenter Fluss", heißt und schon über 1000 Kilometer aus der

Zeit ist Geld. Wie wild gewordene Wespen jagen die bunten Sechssitzer im Eiltempo von A nach B. Die Laoten sagen: „Wer mit dem Speedboot fährt, hat eine Verabredung mit dem Tod."

Das größte Elefantenfest in Laos findet jedes Jahr im Februar in der Sayaboury-Provinz statt. Am Morgen vor dem Start der Prozession durch das Elefantendorf Vieng Keo treffen sich die Mahuts (Elefantenführer) mit ihren bunt geschmückten Arbeitselefanten. Veranstaltet wird das Fest von der Tierschutzorganisation ElefantAsia.

tibetischen Hochebene zurückgelegt hat. Sonam ist 62 Jahre und Viehwirt. „Ohne den Lancang Jiang gäbe es hier kein Wasser, ohne Wasser würden meine Yaks verdursten, ohne Yaks kein Buttertee“, sagt Sonam. Wenn er lacht, gleichen seine Gesichtsfalten dem schroffen Relief des Himalaya. Auch Bootsfrau Tan Nanh in Vietnam, die tagein, tagaus seit neunzehn Jahren mit ihrem Ruderboot Menschen von einem Ufer zum anderen übersetzt – für umgerechnet dreißig Euro im Monat –, ist auf den Song Cuu Long, „Fluss der Neun Drachen“, angewiesen. „Ohne den Mekong könnte ich meine vier Kinder nicht ernähren“, erzählt Frau Tan Nanh. „Der Fluss ist gleichzeitig Wohnstätte, Arbeitsplatz und Speise-

kammer für uns.“ In Thailand treffen wir auf r tende Mönche, die im Goldenen Dreieck geg den Drogenhandel kämpfen, verabreden uns n kambodschanischen Frauen und gehen mit ihn Vogelspinnen fangen, die sie später zu eine krossen Snack verarbeiten, sehen Arbeitselefa ten im Dschungel hart schuften, bewundern la tische Fischer, die zirkusreif über die scharf Klippen am Khon-Phapeng-Wasserfall jonglier und werden in schwimmende Wohnzimm eingeladen, unter denen die Vietnamesen b achtzig Tonnen Fisch züchten – doch da später mehr.

Vorab ein paar allgemeine Daten zum Mekon Der Ort seiner Geburt ist das ewige Eis auf de

etischen Hochplateau (wenn man von ewigem ; überhaupt noch reden kann). Die Quelle nnte bisher nicht genau lokalisiert werden, die ıge ist daher umstritten. Forscher und Aben- ırer, allen voran Jules Léon Dutreuil de Rhins, chel Peissel und Masayuki Kitamura behaup- ı jeder für sich, die Quelle entdeckt zu haben d die genaue Länge zu kennen. Drei Abenteu- -, drei verschiedene Angaben. Somit bleiben sprung und Länge wohlgehütete Geheimnisse s Mekong. Fest steht, dass sich der Strom mit ıer Länge zwischen 4800 und 4909 Kilometern n Tibet bis Vietnam windet, was ihn somit m drittlängsten Fluss Asiens macht. Rund Millionen Menschen leben an seinen Ufern, von weit über zwei Drittel am unteren Mekong. ist einer der fisch- und artenreichsten Flüsse f unserem Globus. Nach Angaben der „Mekong ver Commission" (MRC), der Zusammenschluss r Mekong-Länder Vietnam, Kambodscha, Laos d Thailand, zapfen bald zwanzig Staudämme n Fluss an, davon allein acht am Oberlauf in ina, drei sind davon schon am Netz. Laos öchte sogar in Zukunft mit elf Dämmen die ega-Batterie und der größte Stromexporteur dostasiens werden. Die Probleme der Wasser- rschmutzung, des Rückgangs der Fischbestände ıd das Ausbremsen des fruchtbaren Schlamms r die Landwirtschaft werden mit jedem weite- n Damm verschärft und sorgen schon heute r reichlichen Zündstoff zwischen den Ländern. Ob das den Flussgeistern gefällt? Die heiligen ıgas werden sich dann wohl nicht mehr so nfach mit einer Hand voll Reis von den Kraft- erksbetreibern besänftigen lassen.

Lancang Jiang, Chinas wilder Fluss

Unsere Mekongreise flussabwärts beginnt nicht auf dem Wasser in einem Boot, wie man meinen sollte, sondern auf der Straße in Feilai Si, im Norden der chinesischen Provinz Yunnan nahe der tibetischen Grenze; an dem Ort, wo sich 1300 Höhenmeter tiefer, flankiert von den Meili-Schneebergen, der bedeutendste Strom Südostasiens durch schwindelerregende Schluchten zwängt. Feilai Si ist nicht viel mehr als ein paar lausige Teestuben, ein tibetischer Tempel, Unterkünfte mit Panoramablick auf die Gebirgskette, bunte Gebetsfahnen und acht weiße Stupas auf einer riesigen Besucherplattform – so groß, dass darauf Pekings KP mit allen Genossen bequem ihre Parteitage abhalten könnte. Der Ausblick von hier auf das Bergmassiv mit dem 6740 Meter hohen Khawa Karpo und den zwölf anderen Bergspitzen ist grandios, klare Sicht vorausgesetzt.

Der Wasserbüffel ist aus Kambodscha, wie aus vielen Ländern Südostasiens, nicht wegzudenken. In der Landwirtschaft setzen Bauern die kräftigen Rinder als Zugtiere auf ihren Feldern ein. Zudem liefert das Tier Milch, Fleisch, Horn, Knochen und Leder. Das schwimmende Dorf im Hintergrund liegt vor der Insel Koh Trong und wird von eingewanderten Vietnamesen bewohnt.

Der Lancang Jiang, so nennen die Chinesen den Mekong, schlängelt sich durch die schroffe Bergwelt im Norden der chinesischen Provinz Yunnan. Die kleinen Ortschaften in der Gegend um Deqin verwandeln sich von Frühjahr bis Herbst in grüne Oasen. Das Bergdorf Bucun ist bekannt für den Weinanbau. Im 19. Jahrhundert brachten französische Missionare das Wissen um den Weinanbau in die tibetische Region des Lancang Jiang. Andere Bauern leben in den kargen Bergen von Kartoffeln, Kohl und Weizen.

Der Khawa Karpo ist für die Tibeter, wie der Kailash, ein heiliger Berg. Noch nie wurde er erfolgreich bestiegen. Eine japanisch-chinesische Expedition endete im Januar 1991 mit einem Desaster, eine Lawine verschüttete siebzehn Bergsteiger. Für die Tibeter war sofort klar, das kann nur die Rache der Götter gewesen sein.

Wir suchen für die nächsten Tage ein Auto, das uns ins Tal zum Mekong bringt. Ticketverkäuferin und Herrin der Besucherplattform Fräulein Dolmala, spricht ausgezeichnet Englisch und organisiert das Taxi für uns – von einem guten Freund der Familie versteht sich. Ushi, unser Fahrer, zwanzig Jahre jung, zündet sich ei Zigarette der Marke Zhen Long, „Chinesisch Drache“, an. Dann legt er eine CD von Tseri Dolkar in den Recorder und wedelt behuts mit seinem cremefarbenen Youngtimer, eine VW Santana, die Haarnadelkurven bergab. Se deutschstämmiger Kleinwagen ist aus Chin Straßenbild nicht mehr wegzudenken. Seit 19 wird der Santana im Reich der Mitte von „Shar hai Volkswagen Automotive“ produziert.

Zu beiden Seiten leuchten Getreidefelder den erdfarbenen Berghängen im frischen Grü schmale ausgetretene Wanderpfade schein

; Unendliche zu führen. Das Rauschen des ›kong nimmt nach jeder Biegung zu. Die Spanng steigt.

Nach etlichen Reisen durch die unteren Meng-Länder Myanmar, Laos, Thailand, Kambocha und Vietnam sehen wir zum ersten Mal n mächtigen Strom in einer ungewöhnlichen ildheit. Hier begegnet uns der Lancang Jiang gezähmt, turbulent sprudelnd, menschenleer d voller Energie. Wo der Mekong in anderen ndern als Lebensspender gilt, ist er hier offenr meist, mit den tiefen Schluchten, die das lde Wasser über Jahrtausende in die Landhaft gefressen hat, ein unüberwindbares Hinrnis für Mensch und Tier. Vergebens suchen r nach dümpelnden Fischerbooten, planschenn Kindern und stoisch kauenden Wasserffeln, nirgends lachende Frauen, die hier ihre äsche waschen, nicht einmal ein Fischreiher, r seine Runden dreht. Trotzdem hat der Fluss er oben seinen besonderen Reiz. Kein Diesel, in Abwasser, die Stille, seine Jungfräulichkeit. er australische Extremsportler Mick O'Shea, ssen abenteuerliche Paddeltour mit dem Kajak Jahr 2004 vom tibetischen Hochplateau bis s Südchinesische Meer nach Vietnam führte, ar wahrscheinlich der erste Mensch, der in nem Boot den wilden Lancang Jiang in dieser uen Berggegend bereiste.

Die Weiterfahrt in Richtung Norden wird uns rwehrt – ohne Permit keine Einreise nach Tibet. der autonomen Provinz, seit den Unruhen r Tibeter im März 2008 für Individualreisende gut wie geschlossen, stehen in ein paar Tagen e Feierlichkeiten zum 60. Jahrestag der „friedlichen Befreiung" Tibets durch Mao Zedongs Armee an. Da will man keine rumstreunenden Touristen, schon gar keine neugierigen Fotografen und Journalisten. Gäste sind nicht willkommen, man will eben unter sich „feiern". Für uns ist hier leider der nördlichste Punkt am Mekong erreicht.

Weiter flussabwärts, kurz vor Cizhong ist die Straße komplett gesperrt. China wühlt sich durch seine Berge. Schwere Baufahrzeuge fressen sich durch die wunderschöne Landschaft, bauen einen neuen Highway von Deqin nach Weixi. Die Straße wird für den Verkehr nur freitags ab sechs Uhr abends geöffnet, und das auch nur für zwölf Stunden, erfahren wir von einem Bauarbeiter – heute ist Sonntag. Was soll's! Südwärts bis Vietnam gibt es genug Geschichten vom Mekong zu erzählen. Unsere Route, immer in gefühlter Nähe zum Mekong, kreuzt Städte wie Zhongdian (von der chinesischen Regierung

Die südlichste Großstadt Chinas am Lancang Jiang heißt Jinghong und ist die Hauptstadt des Autonomen Bezirks Xishuangbanna. Ab hier ist der Mekong erst schiffbar. In Jinghong und Umgebung leben vorwiegend die Dai. Ein Volk, das von Aussehen und Mentalität eher den Thais oder Laoten ähnelt. Die Stadt wächst rasant und wird immer mehr zubetoniert. Die 600 Meter lange „Xishuangbanna-Brücke" wurde 1999 für den Verkehr freigegeben.

Ein chinesisches Spielkasino mit goldener Kuppel auf laotischer Seite. Die Investorengruppe King Romans Group aus China hat 10 000 Hektar laotisches Land für 99 Jahre gepachtet und will ein asiatisches Las Vegas mit Luxushotels, Shoppingmeilen, Karaokebars, Swimmingpools, Golfplatz und Flughafen am Goldenen Dreieck errichten. Hier dürfen gut betuchte Chinesen und Thais ihrer Spielleidenschaft nachgehen, denn Glücksspiele aller Art sind in ihrer Heimat verboten.

umbenannt in den wohlklingenden Namen Shangri-La, um mehr Touristen anzulocken), das wieder aufgebaute Lijiang mit Weltkulturerbe-Titel, Dali und Kunming.

Schiffbar ist der Mekong aber erst ab Jinghong. Die quirlige Bezirkshauptstadt von Xishuangbanna liegt weit unten im Süden der Provinz Yunnan. Geprägt von der südostasiatischen Gelassenheit, der tropischen Schwüle und der Dai-Kultur fühlt sich die Stadt eher wie Thailand oder Laos an, wären da nicht die sozialistischen

Parolen und Maos Konterfei auf Riesenposte
Den Mekong überspannen eine neue und ei
alte Betonbrücke, über die pausenlos der V
kehr donnert, darunter werden Mopeds u
Pick-ups gewaschen. Die Straßen strotzen v
Grün, alle zehn Meter stehen Palmen, fris
gepflanzt von der Stadtverwaltung. Der Frac
hafen verlor allerdings in den letzten Jahren
Bedeutung. Weiter stromabwärts, von der Zo
und Abfertigungsstation Guan Lei, starten jet
täglich mehrere Cargoboote nach Thailand
die kleine Hafenstadt Chiang Saen am Golden
Dreieck. Da wollen wir mit. Ab Guan Lei h
China den Mekong zum kommerziellen Highw
für seine Frachtschiffe freigesprengt. Wär
da nicht die riesigen Wasserfälle in Süd-Lac
hätten die Frachter freie Fahrt bis ins kna
2800 Kilometer entfernte Drachen-Delta in Vi
nam. Auf einem der rostigen Kähne bekomm
wir nach zwei Tagen Wartezeit eine kleine Kabir
Die turbulente Fahrt ist eine Grenzerfahrun
sehr nah an den scharfkantigen Felsen, nah
der Besatzung, nah an Myanmar und Laos. D
braune Band des Mekong schlängelt sich
Grenzfluss zwischen den beiden Staaten mitt
durch eine grüne Bergvegetation, verwund
durch Brandrodung, Abholzung und Kautschu
plantagen für Chinas Reifenindustrie.

Auf der „Mutter aller Wasser“ durch Thailand und Laos

Dem berühmt-berüchtigten Goldenen Dreiec
dem Dreiländereck Thailand, Myanmar und Lac
verdankt der Mekong seinen Mythos. Hier, w

ıst Drogensyndikate, Waffenschmuggler und hälter im Schattenreich der Gesetzlosigkeit · Unwesen trieben, ziehen heute windige schäftemacher offiziell den Besuchern das ld aus der Tasche, sei es mit billigem Schnicknack in Souvenirläden oder mit einarmigen nditen in den Spielkasinos auf burmesischer er laotischer Seite. Da in Thailand offiziell das ücksspiel verboten ist, baute ein thailändischer vestor kurzerhand ein Kasino in Myanmar. f der laotischen Seite haben die Chinesen für Jahre das komplette Ufer am Mekong gepach- : und investieren kräftig in weitere kitschige ielhöllen.

Nach jüngsten Untersuchungen hat hier wieder die Drogenkriminalität einen goldenen Boden. Gewaltsame Überfälle auf chinesische Frachter, die mit dem Drogenschmuggel in Verbindung gebracht werden, sind keine Seltenheit. Designerdrogen finden mehr als 1000 Wege nach Thailand, so heißt es hier – da sind auch die Gesetzeshüter so gut wie machtlos. Neuerdings patrouillieren auf dem Mekong zwischen China und Thailand schwerbewaffnete Soldaten zum Schutz der Lastkähne. Es ist eben nicht alles nur ein Mythos, den das Goldene Dreieck umgibt.

Ein paar Kilometer weiter, im thailändischen Chiang Saen, ist Endstation für unser chinesisches

Im Oktober oder November, abhängig vom Mondkalender, findet auf dem Mekong in Nakhon Phanom das Lichterbootsfest (Huea Fai) statt. Das prachtvolle Event markiert das Ende der buddhistischen Fastenzeit (Ok Phansa) in ganz Thailand. Das illuminierte Floß in Gestalt eines Drachens stammt von der Designerin Pui.

Frachtschiff „Jia Xiang 2". Kapitän Nong findet kaum Zeit sich zu verabschieden. Die neue Fracht für den Rückweg nach China, etliche Paletten mit „M-150" (das thailändische Red Bull), wartet schon an der Verladerampe. Noch ist Chiang Saen ein marginaler Punkt auf der Landkarte, wird aber in naher Zukunft zur bedeutendsten Hafenstadt am Mekong ausgebaut – natürlich auch von den Chinesen.

Man nehme: 12 000 Petroleumlampen, Hunderte Stangen Bambus, 200 Helfer, 500 000 thailändische Baht (12 200 Euro) und schon ist das 29 Meter hohe und 84 Meter breite Floß für die Lichterprozession auf dem Mekong fertig. In Nakhon Phanom lernen wir zum Vollmondfest „Huea Fai" die Designerin Pui kennen. Die 34-Jährige ist die erste Frau, die zu diesem Fest ein Lichterboot entwerfen und bauen darf. Über einen Monat haben ihre Leute für die Fertigstellung benötigt. Die Konkurrenz ist groß, fünfzehn weitere Riesenflöße treten bei einem We bewerb gegen das Team von Pui an. Ein Spekta zu dem Tausende Thais aus dem ganzen La zum Mekong pilgern.

Viel ruhiger geht es in Laos zu. Das dü besiedelte Land hat seinen eigenen Rhythm Die Menschen passen sich an den Mekong u seine Fließgeschwindigkeit an. Niemand ka sich dem entziehen, auch wir haben mittlerwe gänzlich das Korsett aus Hektik und Ungedu abgestreift. Die Begegnungen mit den Mensch sind hier so warm und unvergesslich wie d Licht der untergehenden Sonne am Mekon Rot, Blau und Weiß sind die Farben der Staa flagge. Nur das leuchtende Gelb, die Signalfar der laotischen Brauerei, fehlt. Beerlao ist Laoten, wie der Diesel für Motoren, ein unv zichtbarer Treibstoff. Es gibt wahrscheinlich k nen Flecken in diesem Land, wo die knallgelb Kästen nicht zu finden sind. Der Hopfensaft a Malz und Reis hat sich unter den Reisenden – u mit einbegriffen – zum Kultgetränk entwicke Liebe auf den ersten Schluck!

Die bequemste Art den Mae Nam Khor „Mutter aller Wasser", zu bereisen, ist ei Flussfahrt mit einem der drei schicken Kabine schiffe vom Berliner Unternehmen „Lernide Nach dem Motto: Ablegen, ankommen u zwischendurch die Seele baumeln lassen, zie auf der „Mekong Sun" tagelang die Landsch wie ein nicht enden wollendes Panoramabild uns vorbei. Wir könnten hier aber auch eben gut Statisten in einer kolonialen Schnulze sei mit Bootsmanager Mister Oth als Hauptdarstell Er ist ein Mann der Taten. Geht nicht, gibt's nic

Um die Mittagszeit brennt die Sonne in Laos. Wer irgendwo ein schattiges Plätzchen findet, hält Siesta. Die Verkäuferin des Getränkestands am Somphamit-Wasserfall wird zudem vom Rauschen des Wassers eingelullt.

s typisch laotische „bo pen njang“, macht :hts, lässt er nicht gelten. Sind das die deut- ıen Tugenden, die er von seinem Fernmelde- ıdium in Leipzig mitgebracht hat? Immer ·nn Herr Oth die Geschichte vom Bau der ekong Sun“ und ihrer Jungfernfahrt nach ina zum Besten gibt, schallt sein herzliches :hen über den ganzen Mekong.

Vom Tonle Thom bis zum „Fluss der Neun Drachen“

„Angkor kann nichts toppen“, sagte unser Fah- · Sid zur Begrüßung in Siem Reap. Und er hat :ht! Der Tempelkomplex der alten Khmer hat nicht nur diesen bröckelnden Charme einer Monumentalarchitektur, sondern auch eine riesige Ausdehnung im ewigen Grün des Dschungels. Ta Prohm hat es uns besonders angetan. Stundenlang sitzen wir auf einer Steinstufe und beobachten den lautlosen Kampf zwischen Mauerwerk und Wurzeln, der nie zu enden scheint. An den Wänden und Architraven finden wir in Stein gemeißelte Himmelsnymphen, die tanzenden Apsaras, die schon im 12. Jahrhundert König Jayavarman VII. den Kopf verdrehten. Apsara-Tänzerinnen aus Fleisch und Blut besuchen wir im 350 Kilometer entfernten Phnom Penh. Frau Vong Metry, eine ehemalige Tänzerin im Königs-

Angkor und der stumme Kampf zwischen Natur und Mauerwerk. Der Tempel Ta Prohm wird von gigantischen Wurzeln der Kapokbäume fest umklammert. Erbaut im späten 12. Jahrhundert von König Jayavarman VII. als buddhistisches Kloster, ist heute das steinerne Monument eine einzigartige Touristenattraktion.

palast, betreibt am Stadtrand die Tanzschule „Apsara Arts Association“. „Jugendkriminalität und Kinderprostitution sind in Kambodscha zwei sehr ernst zu nehmende Probleme“, erzählt Frau Vong. „Wenn man da nicht gegensteuert, landen viele Kids auf der Straße.“ Die Tanzschule ist gleichzeitig ein Waisenhaus. Hier versucht sie 77 Mädchen und Jungen, die auf der Straße leben oder von ihren Eltern verstoßen wurden, eine neue Perspektive zu geben.

Der träge Riese, auf dem wir uns weiter Richtung Vietnam bewegen, wird hinter Phn(Penh so breit, dass wir fast das Gefühl für (schwindigkeit verlieren. Einzige Bezugspunk die stählernen Sendemasten für den Mobilfu die vermehrt in den Himmel ragen, je näher v zur Grenze kommen – man muss ja schließli in Verbindung bleiben. Der Beamte am kamb(schanischen Kontrollpunkt ist sichtlich mi gelaunt uns zu sehen, die Pässe liegen vor i

Die Umgebung von Ben Tre wird gern mit dem Garten Eden verglichen. Hier strotzt es vor Grün. Kokosnüsse, Rambutan, Jackfrüchte, Durian und andere exotische Früchte wachsen hier im Überfluss. Die zahlreichen Kanäle dienen als Transportwege, um die Ernte so frisch wie möglich zum Markt oder Großhändler zu bringen.

f dem Tisch, seine Aufmerksamkeit gilt dem rnseher, in dem sich zwei schwergewichtige restler die Birne einhauen. Die Passkontrolre auf der vietnamesischen Seite bekommen r erst gar nicht zu Gesicht, unsere Dokumente rschwinden hinter einer schwarz getönten heibe. Wir warten, warten und warten mit ck auf den Mekong, der ebenso lethargisch hinfließt.

Der Fluss liegt unter einer dichten Smogglocke ıwelender Reisspreuhaufen. Nach der Ernte ellen die Mühlen mit Getreideabfällen über, e entweder im Mekong landen oder einfach rbrannt werden. Song Cuu Long, „Fluss der un Drachen", nennen die Vietnamesen ihren ekong. Er verteilt sein Wasser in acht Hauptme, einen weiteren haben sie ihm einfach andichtet – die Zahl Neun bringt in Vietnam viel ück.

Unser Expressboot der Firma „Hang Chau urist" biegt in den Bassac-Fluss ein. Kapitän nh drosselt von nun an die Geschwindigkeit. nter den schwimmenden Häusern züchten e Menschen Fische", erklärt Herr Minh. „Wenn ı hier mit Volldampf durchfahre, bekomme ı Ärger mit den Hausbootbesitzern."

In Chau Doc besuchen wir einige der 300 Fischrmen und erfahren, wie die Menschen mit m Pangasius oder Karpfen unter dem Wohnmmer leben. Bei Familie Hanh wird gerade gefischt, bei Familie Nguyen schauen wir bei r Fütterung zu und im schwimmenden Haus r Phuongs werden wir zum Essen eingeladen. Die amphibische Flusslandschaft ist Vietnams eiskammer, Fischaufzuchtgebiet und Wirtschaftsmotor. Hört man vom Mekong-Delta, fallen einem aber auch die Bilder von amerikanischen Hubschraubern, brennenden Wäldern und drahtigen Vietkong-Kämpfern mit schwarzen Gummischlappen ein, die fast unbewaffnet gegen einen schier unbesiegbaren Goliath kämpften. Der Krieg ist lange vorbei. Heute lässt die sozialistische Regierung monumentale Denkmäler gegen einen neuen Feind errichten: das Vergessen. Vietnamesen möchten nicht an die Vergangenheit erinnert werden, sie schauen lieber in die Zukunft. Die Jugend interessiert sich nicht für den Vietnamkrieg, den man im Norden des Landes den Amerikanischen Krieg nennt. Hier zählen vorrangig die drei großen „H's" – Hip-Hop, Honda, Hyperlinks.

Im Delta der Neun Drachen endet für den Mekong und auch für uns die lange Reise von China nach Vietnam. Wir konnten der Lebensader Südostasiens auf ihrem weiten Weg einige spannende Geschichten entlocken, aber die meisten Geheimnisse nimmt der Fluss mit ins Südchinesische Meer.

Seite 22/23:
Eine einzigartige Inselwelt erlebt der Reisende in Si Phan Don. Der Name wird aus dem Laotischen mit 4000 Inseln übersetzt (Si = 4, Phan = 1000, Don = Inseln). Nur in der Trockenzeit von November bis April, wenn der Wasserstand des Mekong zurückgeht, erscheinen viele kleine Inseln über der Wasseroberfläche.

In Chau Doc züchten die Vietnamesen unter schwimmenden Häusern den Pangasius und Karpfen. Bei Familie Hanh leben bis 70 000 Fische unter dem Wohnzimmer. Nach sieben Monaten Fütterung erreichen die Tiere ihr Verkaufsgewicht und können abgefischt werden. In Deutschland hat der Pangasius als günstiger und schmackhafter Speisefisch schon vor Jahren die Fischtheken und Tiefkühltruhen erobert.

Yunnans wilder Fluss – der Lancang Jiang im Süden Chinas

Allein reisen in Yunnan? Keine Chance! Sehenswürdigkeit ohne Megafon-Beschallung? Fehlanzeige! China ist dabei, den Südwesten mit Autobahnen zu vernetzen, um die einheimischen Touristen bequem zu den Meili-Schneebergen, Shangri-La, Lijiang oder Dali zu bringen. Dafür fressen sich Baumaschinen durch Berge, Wälder und Reisfelder bis an den Rand des Himalaya. Von dort schlängelt sich der mächtige Strom Lancang Jiang, der später Mekong heißt, bergab durch Chinas Südwesten bis ins tropische Xishuangbanna. Auf seiner wilden Talfahrt durch tiefe Schluchten wird der Fluss in der Provinz Yunnan nur durch drei Staudämme gebremst. Yunnan ist nicht das typische China. Im Reich der Mitte zählt das „Land südlich der Wolken“ zu der buntesten Provinz mit 26 offiziell anerkannten ethnischen Volksgruppen, unter denen die Dai, Naxi, Yi und Bai am zahlreichsten vertreten sind. Der ganzjährig von Schnee und Eis bedeckte Khawa Karpo ist mit 6740 Metern der höchste Berg und zudem heilig. Folgt man dem Strom immer weiter südlich, wird die Landschaft grüner. Kautschuk, Bambus, Riesenfarne und unberührter Regenwald rahmen den Mekong ein. Schiffbar wird der Fluss erst ab Jinghong mit einem Schnellboot oder ab Guan Lei mit dem Frachtschiff.

Der Lancang Jiang (Mekong) zwängt sich unterhalb der Meili-Schneeberge durch enge Täler und tiefe Schluchten. Auf seiner rasanten Talfahrt reißt der Fluss Sedimente und Gesteinsbrocken mit sich, dadurch färbt sich sein Wasser rostbraun.

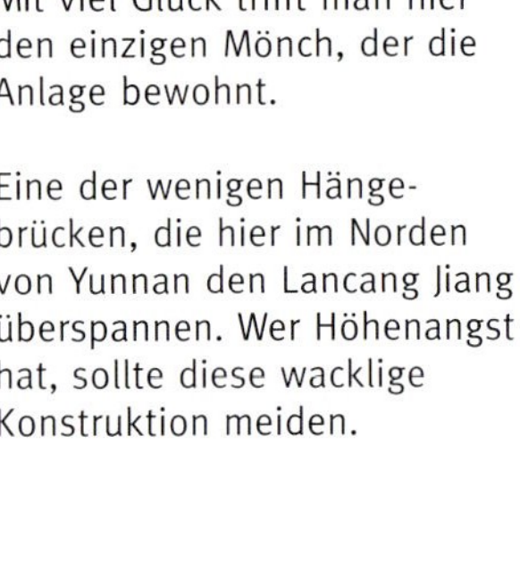

Das Yongzong-Kloster steht direkt am Lancang Jiang; ein magischer Ort, der zur Meditation einlädt, denn hier hört man nur das Flattern der Gebetsfahnen und das monotone Rauschen des Flusses. Mit viel Glück trifft man hier den einzigen Mönch, der die Anlage bewohnt.

Eine der wenigen Hängebrücken, die hier im Norden von Yunnan den Lancang Jiang überspannen. Wer Höhenangst hat, sollte diese wacklige Konstruktion meiden.

Im Frühling verwandelt sich die Umgebung von Feilai Si in ein buntes Blumenmeer. Dann blühen hier Azaleen, Rhododendren und Wildkräuter. Im Hintergrund erhebt sich das Meili-Schneegebirge mit der höchsten Erhebung von Yunnan, dem 6740 Meter hohen Khawa Karpo. Der Gipfel ist für die Tibeter heilig und wurde noch nie erfolgreich bestiegen.

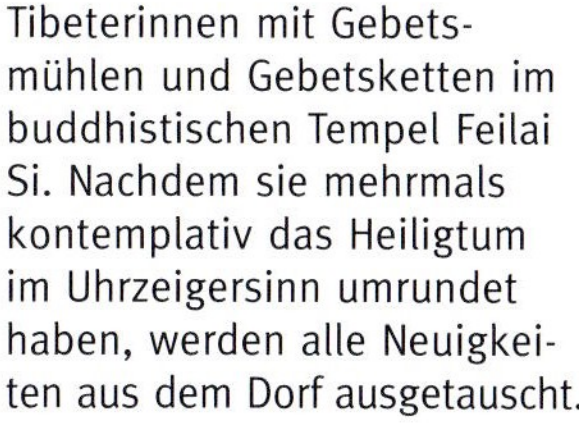

Tibeterinnen mit Gebetsmühlen und Gebetsketten im buddhistischen Tempel Feilai Si. Nachdem sie mehrmals kontemplativ das Heiligtum im Uhrzeigersinn umrundet haben, werden alle Neuigkeiten aus dem Dorf ausgetauscht.

Pilger haben am Aufstieg zum Baiji Si, dem „Hühnertempel" in Zhongdian, eine Pyramide aus Gebetsfahnen errichtet. Im tibetischen Buddhismus flattern bunte Gebetsfahnen an Tempeln, Bergpässen und anderen heiligen Plätzen, um Gebete in den Himmel zu tragen. Sie heißen Lungta, was zu Deutsch Windpferd bedeutet. Die verschiedenen Farben symbolisieren die fünf Elemente Wasser, Raum, Feuer, Luft und Erde.

In Zhongdian steht die größte Gebetsmühle der Welt. Jeden Morgen und am späten Nachmittag treffen sich im „Big Buddha Tempel" die Gläubigen. Dann steht auch die 20 Meter hohe Mühle nicht still.

Oben:
Um mehr Touristen anzulocken wurde 2001 die Stadt Zhongdian in den wohlklingenden Namen Shangri-La umbenannt. Auf Tibetisch heißt der Ort Gyeltang und liegt auf einer Höhe von 3200 Metern.

Ganz links:
Tibetischer Mönch im Songzhangling-Kloster. Diese Katze hat Glück und ein schönes Leben. In anderen chinesischen Provinzen muss sie vor dem Kochtopf fliehen.

Links:
Diese Frau ist eine Yi, zu erkennen an der auffälligen Kopfbedeckung. In Yunnan gibt es 26 offiziell anerkannte ethnische Volksgruppen. In den Provinzen Yunnan, Sichuan, Guizhou und Guangxi leben über sieben Millionen Yi. Sie sprechen eine tibeto-birmanische Sprache und ihre Vorfahren kommen ursprünglich aus dem südöstlichen Tibet.

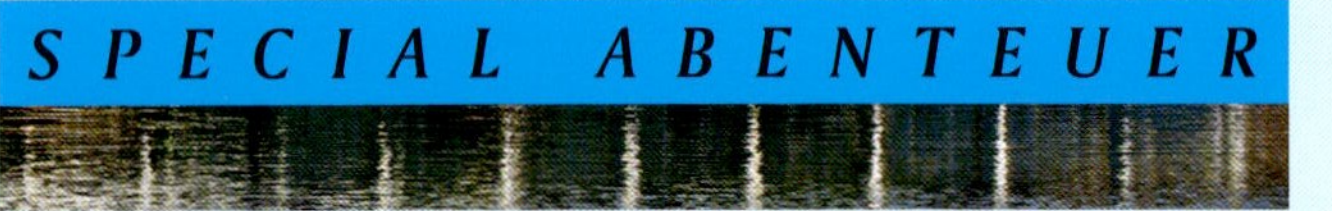

Lijiang – Die Stadt der vorgespielten Vergangenheit

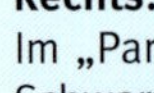

Rechts:
Im „Park am Teich des Schwarzen Drachens“ mit dem Deyue-Pavillon stehen die Fotografen Schlange, um die beeindruckende Aussicht zum Jade-Drachen-Schneeberg abzulichten. Früh am Morgen sind hier noch die Einheimischen unter sich. Männer palavern, musizieren oder trinken Tee, während ihre Frauen in traditioneller Kleidung tanzen oder Tai Chi ausüben.

Lijiang zerfließt auf der Zunge. Der Name assoziiert dieses Sehnsuchtsvolle nach Ferne und Exotik, dem kein Reisender widerstehen kann. Lijiang klingt nach bimmelnden Glöckchen im Wind, Tee schlürfenden Männern auf dem Dorfplatz, menschenleeren Gassen und singenden Frauen bei der Arbeit. Jedenfalls für denjenigen, der noch nicht in Lijiang war! Wer hier den Zauber der Vergangenheit sucht, wird wahrscheinlich enttäuscht. Die Stadt am Fuß des Jade-Drachen-Berges, dem Yulong Xueshan, hat sich auf chinesische Reisegruppen eingestellt – auf Massen von Reisegruppen. Im Minutentakt durchwandern Reiseleiter mit Megafon und bunten Fähnchen, gefolgt von Fotohandys schwenkenden Touristen, Lijiangs gepflasterte Gassen in der Altstadt.

Oben:
Viele der grauen Dächer in der Altstadt von Lijiang wirken älter als sie sind. Seit dem Erdbeben im Jahr 1996 heißt es hier aus alt mach neu. Die Altstadt ist ein Labyrinth aus Kopfsteinpflastergassen und kleinen Kanälen mit gebogenen Brücken.

Bis zu dem verheerenden Erdbeben 1996 wohnten in den ein- bis zweistöckigen Häusern mit den typisch geschwungenen Dächern noch viele Naxi-Familien, eine lokale ethnische Minderheit mit 300 000 Menschen. 1997 bekam Lijiangs Altstadt den Titel Weltkulturerbe von der UNESCO und wurde schnell zum größten Freilichtmuseum in Yunnan. Seitdem wird an allen Ecken gehämmert, gehobelt, verputzt und ausgebaut. Die Naxi spielen nur noch eine Statistenrolle zwischen dem restaurierten Gemäuer. In ihren Häusern hat längst der Kommerz Einzug gehalten. Anstelle der gemütlichen Sitzecke und dem Küchentisch stehen jetzt Glasvitrinen, Bartresen, Bankschalter, Rezeptionen, Büromöbel und Prospektständer in den ehemaligen Wohnräumen.

Ignoriert man den Massenandrang und öffnet nur die Augen für die Altstadt, finden sich in dem Gassenlabyrinth seicht dahinplätschernde Kanäle, überspannt von verzierten Brücken unter Schatten spendenden Trauerweiden. An jeder Ecke fallen die archaischen Piktogramme auf. Die Kultur der Naxi hat die eigenwillige Dongba-Schrift hervorgebracht. Heute zieren die Hieroglyphen alles was verkäuflich ist – Suppenlöffel, Ohrringe, T-Shirts, Seidenschals oder Teedosen.

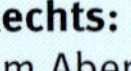

Rechts:
Am Abend füllt sich der Sifang-Platz in Lijiangs Altstadt mit Hunderten Touristen, dann führen die Naxi-Frauen für eine Stunde traditionelle Tänze auf.

Im Schein roter Lampions

Die komplette Altstadt, besonders die Kneipenmeile, wird am Abend von Hunderten roten Lampions illuminiert. Vor jedem Lokal animieren Trachtengirls mit Getränkekarten die vorbeischlendernden Besucher zum Eintreten. Innen tanzt die andere Schicht auf der Bühne nach schrillen Ethno-Klängen und dazu fließt bei den trinkfesten Gästen das Lancang-, Dali- oder Harbin-Bier in Strömen.

Wer früh aufsteht, bekommt noch Einblicke in das alte, unverfälschte Lijiang. Im „Park am Teich des Schwarzen Drachens", von dem man übrigens den schönsten Postkartenblick auf das schneebedeckte Jade-Drachen-Bergmassiv hat, praktiziert eine Gruppe älterer Frauen ihre morgendlichen Übungen im Schattenboxen, dem Tai Chi. Ein Musikertrio stimmt unter hochgewachsenen Zedern ihre antiken Instrumente. Vor dem Deyue-Pavillon rauchen spitzbärtige Männer selbstgedrehte Zigaretten und palavern über Preise für Reis und Zierfische. An einem Vierertisch bringen Mahjong-Spielerinnen mit viel Gelächter ihre Steine in Position. Am nördlichen Ende des Drachen-Sees lernen wir Herrn Wong kennen, der mit seinem Singvogel ein ruhiges Plätzchen aufsucht. Herr Wong erzählt uns, dass er immer frühmorgens in den Park kommt, weil er hier dem Vogelgezwitscher ganz ohne Nebengeräusche lauschen kann. Er hängt den Vogelkäfig an ein Gestell im Bambusgarten, setzt sich auf die Holzbank zu zwei anderen Vogelbesitzern und sagt keinen Ton mehr. Viel Zeit bleibt ihm auch nicht, bis die Megafone der Reiseleiter wieder die Stille zerreißen.

Seite 32/33:
Zwiebelernte bei den Naxi in der Umgebung von Lijiang. Die Naxi bauen je nach Jahreszeit auch Weizen, Kartoffeln, Mais, Bohnen und Reis an. Das gemäßigte Klima verspricht gute Erträge.

Souvenir mit Dongba-Schriftzeichen aus der Naxi-Kultur. Die Dongba-Schrift besteht aus knapp 1400 Piktogrammen und wurde von Schamanen und Priestern genutzt, um Legenden und Mythen aufzuzeichnen, und um religiöse Rituale zu zelebrieren. Obwohl die Schrift kaum noch Anwendung findet, lassen sich die Piktogramme gut im Touristengeschäft vermarkten.

In den traditionellen Häusern wird für den Kaufrausch der chinesischen Touristen geschnitzt, geklebt, graviert, gewebt, gemalt, gehobelt und geschraubt.

Die Altstadt wird am Abend von einem Meer aus roten Lampions illuminiert.

Unten:
Die Chinesen sind Weltmeister im Bauen von Sehenswürdigkeiten. In Dali neu errichtet: der Chongsheng-Tempelkomplex am Fuß der Cangshan-Gebirgskette. Er erstreckt sich über mehrere Terrassen. Vom Avalokiteshvara-Pavillon eröffnet sich ein fantastischer Ausblick auf den Tempelpark, Dali und den Erhai-See.

Rechts oben:
Das Raosanling-Fest ist eines der wichtigsten Feste der Bai-Ethnie. Jedes Jahr im Mai wandern die Teilnehmer zu den drei bedeutendsten Tempeln in der Umgebung von Dali. Dort spenden sie Opfergabe und bitten um Wohlstand, eine gute Ernte und bessere Zukunft. Das Volksfest ist zugleich Jahrmarkt, wo ausg lassen gefeiert, kräftig getru ken und gegessen wird.

hts Mitte:
:he illustren Runden findet
ı in ganz China. Mahjong
überwiegend bei älteren
ıschen als beliebter Frei-
vertreib. Gespielt wird
ıer zu viert. Jeder Spieler
versucht durch Aufnehmen und Abgeben von Steinen seine Mauer mit wertvollen Figuren zu spiegeln. Hat ein Spieler ein vollständiges Spielbild, ruft er Mahjong und beendet als Gewinner das Spiel.

Rechts unten:
Frauen der Yi-Ethnie beim Reissetzen. Sie leben vom Ackerbau und von der Viehzucht. In der Gegend von Weishan bewirtschaften sie überwiegend Reisterrassen.

Mit dem chinesischen Frachtschiff von Guan Lei nach Chiang Saen

Rechts:
Noch sind weite Teile des Regenwalds unberührt. Aber immer mehr Brandrodungen und Kautschukplantagen verwunden den Primärwald. Chinas Reifenindustrie ist hungrig.

Dieser Mann muss ein Gedächtnis wie ein Pottwal haben. Kapitän Nong manövriert unseren Frachter im ewigen Zickzackkurs ohne Navigationskarte millimetergenau durch das aufgeschäumte Wasser, vorbei an messerscharfen Felsklippen und angestauten Sandbänken. Sein Blick klebt auf der milchkaffeebraunen Wasseroberfläche. Herr Nong kennt die Gefahren, die im Wasser lauern und jederzeit den Schiffsrumpf wie eine Blechdose aufschlitzen können. Ein waghalsiger Kapitän? Nein! Seitdem chinesische Unternehmen die Fahrrinne nach Thailand freisprengten, ist Kapitän Nong mit seiner Crew auf dieser Mekong-Passage unterwegs. Er erzählt, dass seine erste Fahrt vom südchinesischen Guan Lei bis zu unserem Ziel, der kleinen thailändischen Hafenstadt Chiang Saen, mindestens drei Tage dauerte. „Heute kenne ich die Hindernisse. Bei gutem Wetter schaffen wir es mit einer Übernachtung in 23 Stunden", ist er sich sicher. „Nur das Treibholz ist unberechenbar. Dümpelnde Baumstämme kosteten mich schon so manche Schiffsschraube."

Oben:
Trügerische Abendstimmung am Mekong. Im sogenannten Niemandsland zwischen Myanmar und Laos herrschen die Gesetze der Drogenbosse. Erst im Oktober 2011 wurden hier auf zwei Frachtern 13 chinesische Seeleute entführt und erschossen.

Die „Jia Xiang 2", so heißt unser 60 Meter langes Cargoboot, nahm die Fahrt mit einem Tag Verspätung auf. Der LKW mit Kapitän Nongs Teilfracht, Klimaanlagen für ein neues Kasino im Goldenen Dreieck, steckte auf der kurvigen Landstraße hinter Xieng Shu fest. Im Frachthafen Guan Lei, einem unscheinbaren Nest mit einem neugebauten Zoll- und Abfertigungsgebäude, das wie ein gelandetes Ufo wirkt, stauten sich schon die wartenden Lastkähne.

Jetzt befinden wir uns seit vier Stunden im Niemandsland. Auf der rechten Seite Myanmar, links Laos, beide Länder mit kleinen Ansiedlungen, Bananenfeldern und Kautschukplantagen. Eine Stunde vor Sonnenuntergang passieren wir den Soah Loi Ferry Checkpoint. Hier ankern 20 Lastkähne, die alle am nächsten Morgen weiter stromaufwärts wollen. Die Rostlauben heißen Wei Dong 2, Jia Fu 3, Guang Yi oder Xi Ding 8 und sehen nicht gerade wie der Stolz eines Kapitäns aus. Was man nebenbei bemerkt von unserem Mekong-Frachter auch nicht behaupten kann.

Frau Yan schnippelt in der engen Bordküche für das Abendessen frisches Gemüse, wäscht Mu-Err-Pilze und brät in Streifen geschnittenes Schweinefleisch an. Die gute Fee arbeitet seit vier Jahren auf der „Jia Xiang 2" als Köchin, Putzfrau und verwaltet die Schiffskasse. Wenig später halten wir mit einem kräftigen Ruck an einer Sandbank. Das monotone Vibrieren von Stahl und Blech endet abrupt, jetzt sorgen Grillen, Frösche und Vögel für Nachtgeräusche.

Rechts:
Träger entladen ein Cargoboot im Hafen Guan Lei. In den gelben Plastikkanistern befindet sich Speiseöl für Myanmar. Von hier geht die gelöschte Fracht mit dem Truck zum Kunden.

Kapitän Nong steht nach dem Essen an der Reling mit einem Harbin-Bier in der Hand – wir haben der Crew einen Kasten spendiert – und schaut in den tiefschwarzen Dschungel. „Seht ihr das Glühwürmchen dort drüben?", fragt er und zuckt mit den Schultern. „Vor einigen Jahren gab es hier noch Tausende."

Um sechs Uhr früh husten schon wieder die Motoren schwarze Rauchwolken in die frische Morgenluft. Eine dichte Nebelwand liegt über dem Fluss, die Dschungelriesen gleichen vielarmigen Gespenstern. Der Mekong wird breiter, die Fahrt ruhiger, die Motoren halten ihren Rhythmus. Ein paar laotische Fischerboote und knallbunte Speedboote kommen uns entgegen. In der Ferne leuchtet der Buddha vom Goldenen Dreieck. Willkommen in Thailand.

Im Hafen warten ständig Frachtschiffe auf neue Ware. Sie gehören ausschließlich chinesischen Transportunternehmen und pendeln zwischen Guan Lei und Chiang Saen.

Die „Jia Xiang 2" ist nicht auf Touristen eingestellt. Der Steuermann hat uns seine Kabine überlassen. Nachdem unsere Pässe kontrolliert, die Taschen durchsucht und der Bierkasten verstaut sind, geht die Reise los. Die chinesische Regierung erlaubt maximal zwei Personen das Mitreisen auf einem Frachter.

Lastkähne ankern am Soah Loi Ferry Checkpoint der Eastern Shan State Special Region. Als gepflegt können diese Rostschüsseln nicht bezeichnet werden.

Gegessen wird an Bord immer gemeinsam. Köchin Frau Yan (vorn im Bild) kocht für die Mannschaft. Auf dem Speiseplan stehen Reis, Schweinefleisch süß-sauer, grüne Bohnen mit Speckwürfeln, Rührei mit Tomate und eine klare Brühe mit Chinakohl. Guten Appetit!

Frachtschiffe starten nicht mehr von Jinghong. Dafür können sich chinesische Touristen für ein paar Stunden auf einem Karaokeschiff vergnügen.

Rechte Seite:
Der Menglei-Tempel (auch W
Luang Sipsongpanna) am sü
lichen Stadtrand von Jingho
wurde 2007 eingeweiht. Die
Tempel ist mehr Themenpar
als buddhistisches Heiligtum
Eintritt umgerechnet 15 Euro

Auf dem Grenzfluss zwischen thailändischer Hektik und laotischer Gelassenheit

Am Goldenen Dreieck trifft der Mekong erstmalig auf Thailand, streift das „Land des Lächelns" für knapp 100 Kilometer und verabschiedet sich hinter Chiang Khong, um vorerst nach Laos zu verschwinden. Weiter südlich, nahe Chiang Khan, kommt er wieder zum Vorschein und wird zum Grenzfluss zu Laos für die nächsten 850 Kilometer. Lange schottete sich das kommunistische Laos auf der gegenüberliegenden Seite ab. Seit 1994, als die erste von vier Thai-Lao-Freundschaftsbrücken in Nong Khai eröffnet wurde, kommt wieder Schwung in die zwischenstaatlichen Beziehungen.

In Khong Chiam nennen die Thais den Mekong „Fluss der zwei Farben", weil er seine milchkaffeebraunen Wassermassen, die er vom Himalaya mitführt, mit dem klaren, blauschimmernden Strudeln des Mun-Flusses vermischt. Höhenangstgeplagte finden 20 Kilometer weiter nördlich auf dem Pha-Taem-Kliff beste Trainingsmöglichkeit. Im gleichnamigen Nationalpark bietet sich vom Plateau ein schwindelerregender Ausblick auf den Mekong, besonders das Wolkenspiel zum Sonnenaufgang brennt sich tief ins Gedächtnis. Ein paar Stufen bergab, an den Felswänden des Kliffs, befinden sich über 3000 Jahre alte prähistorische Felszeichnungen, die Einheimische erst im Jahr 1981 entdeckten.

Vom Wat Tham Khuha Sawan bietet sich eine schöne Aussicht auf das ruhige Isandorf Khong Chiam und auf den „Fluss der zwei Farben". Hier kann der Besucher ein seltenes Farbspiel beobachten: Der blauschimmernde Mun-Fluss vermischt sich mit den rostfarbenen Wassermassen des Mekong.

Ausblick auf das Dreiländereck am Mekong. Wir stehen auf der Aussichtsplattform des Wat Phra That Pha Ngao in Thailand, links Myanmar mit dem Golden Triangle Paradise Resort und Spielbank; das Kasino rechts mit der Goldkuppel befindet sich auf laotischem Boden.

Oben:
Der Mythos des Goldenen Dreiecks zieht Massen von Touristen an. Doch viel mehr als Souvenirstände, Restaurants und überteuerte Bootstouren hat der einst mystische Ort nicht mehr zu bieten.

Links:
Pacharee Srimathayakul eröffnete 1980 das „House of Opium". Das private Museum zeigt eine liebevoll zusammengestellte Sammlung von Opiumwaagen, Gewichten, Pfeifen und weiterem Zubehör. Hier erfährt der Interessierte alles über die Geschichte des Opiums.

SPECIAL ABENTEUER

Buddhas Ranch im Dschungel

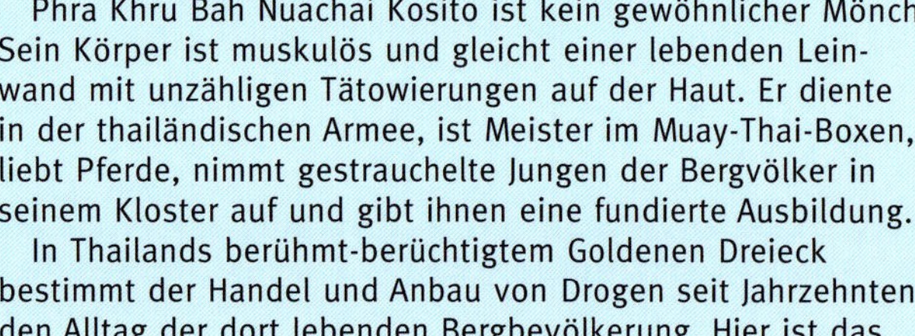

Phra Khru Bah Nuachai Kosito ist kein gewöhnlicher Mönch. Sein Körper ist muskulös und gleicht einer lebenden Leinwand mit unzähligen Tätowierungen auf der Haut. Er diente in der thailändischen Armee, ist Meister im Muay-Thai-Boxen, liebt Pferde, nimmt gestrauchelte Jungen der Bergvölker in seinem Kloster auf und gibt ihnen eine fundierte Ausbildung.

In Thailands berühmt-berüchtigtem Goldenen Dreieck bestimmt der Handel und Anbau von Drogen seit Jahrzehnten den Alltag der dort lebenden Bergbevölkerung. Hier ist das Eldorado der Drogenbarone. Früher wurde auf abgelegenen Feldern Opium angebaut und damit gehandelt. Heute überschwemmen Methamphetamine in Form von bunten Pillen die Dörfer der Minoritäten und den weltweiten Drogenmarkt. Die thailändische Armee konnte dem Schmuggel in den undurchdringlichen Wäldern nichts entgegensetzen und bat Phra Khru Bah mit seiner charismatischen Ausstrahlung mitzuwirken, die Bergbevölkerung von dem Drogengeschäft abzubringen. Seitdem reitet der Abt oft tagelang durch die Berge zu den Minoritäten der Akha, Lisu, Lua, Hmong und Yao, und klärt die Dorfältesten über Drogen und deren Folgen auf. Großes Vertrauen verschaffte sich der reitende Mönch bei den ethnischen Minderheiten, weil er nicht nur über Probleme spricht, sondern den Bergvölkern auch hilft, indem er aus ihren Dörfern einige Jungen in sein Pferdekloster aufnimmt. Die meisten Kids haben bettelarme Eltern, sind sogar Waisen oder selbst drogenabhängig.

Mittlerweile leben schon 16 Novizen von verschiedenen Volksgruppen im Kloster. Das hüglige Terrain, das die sakrale Anlage umgibt, zieht sich über fünf Berge und verwandelte sich seit der Gründung in eine riesige Ranch mit über hundert Pferden und Ponys. Überall, wo man hinschaut, stehen Bambushütten, Heuschober und Koppeln mit Pferdeställen. Der Tagesablauf der Novizen ist streng reglementiert. Aufstehen vor dem Hellwerden, Morgenwäsche, Frühsport in Form von Boxübungen und Pferde füttern. Danach drücken sie die Schulbank. Phra Khru Bah legt auf den korrekten Tagesablauf großen Wert. „Die Jungs müssen sich an strikte Pünktlichkeit, Ordnung und Disziplin gewöhnen. Einige Eltern haben sich kaum um ihre Kinder gekümmert. Denen war es egal, ob ihr Sohn am Abend ungewaschen ins Bett geht“, ist sich der Abt sicher. „Die Pflege der eigenen Pferde ist ein ganz spezieller Teil der Erziehung. Hier lernen sie Verantwortung für ein

Rechts:
In der Trockenzeit nehmen die Novizen den Weg durch den Fluss als Abkürzung zum Kloster. Alle zwei Tage ist hier auch Waschtag für Mensch und Tier.

Unten:
Zuneigung von ihren Eltern bekamen die gestrauchelten Jungen kaum. Hier lernen sie, Verantwortung zu übernehmen. Die Novizen bekommen jeder ein eigenes Pferd, um das sie sich kümmern müssen.

Rechts:
Viele Mönche in Thailand besitzen Tätowierungen. Sak Yant werden sie genannt und sind geometrische Designs, die magische Schutzkräfte besitzen sollen. Diese Tattoos haben uralte buddhistische Tradition, sind meist auf Pali, der Sakralschrift im Buddhismus.

Oberhalb des Klosters befinden sich die Stallungen der Pferde. Im Morgengrauen treffen sich hier die Novizen, satteln ihre Pferde und bereiten sich auf den Almosenritt vor.

Der Nachmittag ist für Thailands beliebte Kampfsportart Muay Thai reserviert. Mönch Phra Khru Bah war viele Jahre ein erfolgreicher Boxer. Heute gibt er seine Erfahrungen an die Kids weiter.

anderes Lebewesen zu übernehmen. Pferde sind dafür sehr gut geeignet", weiß der Mönch aus eigener Erfahrung. „Sie sind sehr sensibel und wenn die Tiere vernachlässigt werden, lassen sie es ihren Besitzer spüren."

Mönch Phra Khru Bah Nuachai Kosito hält es nie lange in seinem Kloster. Sein Platz ist der Pferderücken. Bald wird er wieder durch den Dschungel reiten und den Kampf gegen den Drogenschmuggel in den Wäldern weiterführen. Wenn er wieder zum Kloster zurückkehrt, sitzt mit Sicherheit ein kleiner Junge auf seinem Pferd. Ein Kind, das von ihm ein neues Zuhause bekommt. Auf die Frage, wie seine eigenen Pläne für die Zukunft aussehen, wird er philosophisch: „Alles ist ständig im Fluss, nichts steht still und ist für die Ewigkeit."

An den Wochenenden besuchen viele Thais das Kloster, um gemeinsam mit Mönch Phra Khru Bah zu beten, etwas zu spenden und seinen Segen zu erhalten.

Seite 46/47:
Mae Nam Khong, „Mutter aller Wasser“, nennen die Thais und Laoten liebevoll ihren Mekong. Hier scheint der Fluss friedlich seinen Lauf zu nehmen. Kapitän und Lotse auf der „Mekong Sun“ müssen jedoch bei der Fahrt nach Luang Prabang alle Sinne schärfen, um das Passagierschiff vorbei an Sandbänken und durch unberechenbare Stromschnellen zu navigieren.

In Chiang Saen sind die Götter los. Zum Fest Loy Krathong sagt eine Schamanin, nachdem sie sich in Trance getanzt hat, die Zukunft voraus und zeichnet Segenszeichen auf die Stirn der Gläubigen.

Loy Krathong, das Lieblingsfest der Thais, findet zum Vollmond im November statt. Krathongs sind schwimmende Gestecke aus Bananenblättern, Blumen, Kerzen und Räucherstäbchen, die die Thais am Vollmondtag aufs Wasser setzen. So sollen Wünsche in Erfüllung gehen und alle Sünden davongetragen werden.

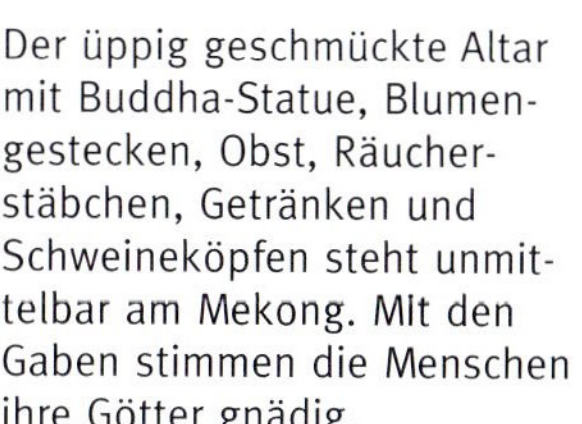

Der üppig geschmückte Altar mit Buddha-Statue, Blumengestecken, Obst, Räucherstäbchen, Getränken und Schweineköpfen steht unmittelbar am Mekong. Mit den Gaben stimmen die Menschen ihre Götter gnädig.

Die Bewohner von Chiang Saen veranstalten jedes Jahr zu Loy Krathong einen bunten Umzug mit Musik und geschmückten Wagen vom Haupttempel Wat Phra That Chedi Luang zum Mekong. Dafür tragen Frauen und Männer ihre traditionelle Kleidung.

Der Künstler, Maler, Architekt und Philosoph Thawan Duchanee baute das „Black House“ nahe Chiang Rai. Die Einrichtung und Ausstellung reflektiert seinen provokativen Kunststil. Besonders bizarr sind Duchanees Sammlungen von Knochen, Hörnern, Muscheln, Tierhäuten und Schädeln. Ganz im Gegensatz dazu der verzierte weiße Tempel Wat Rong Khun. Seit 1998 arbeitet der Künstler und Architekt Chalermchai Kositpipat an dem Tempelkomplex. Er verbindet in seinen Gemälden, Skulpturen und Bauwerken traditionelle thailändische Kunst und modernes Design.

Rechte Seite:
Vom 1628 Meter hohen Berg Phu Chi Fa hat der Reisende einen atemberaubenden Blick auf die Berglandschaft von Thailand, Laos und bei klarer Sicht sogar auf den Mekong.

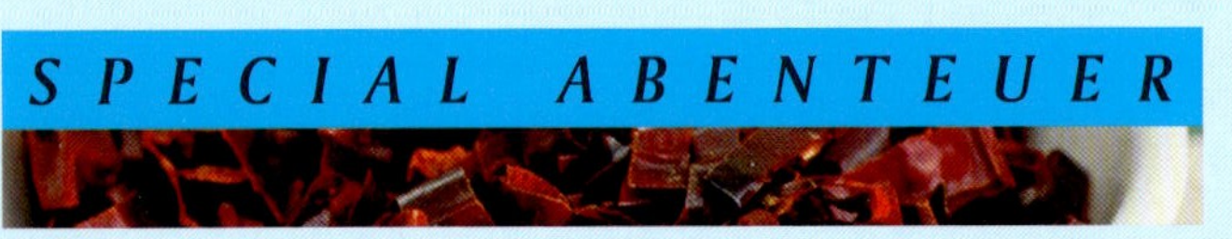

Darf es ein bisschen scharf sein?

Rechts:
Mehrere Gerichte stehen bei dem Kochkurs zur Auswahl. Hier die Zutaten für die rote Currypaste: getrocknete rote Chilis, Schalotten, Knoblauch, Gelbwurz, Galgant, Kaffir-Limette, Zitronengras und Koriandersamen.

Schon der Besuch auf dem Morgenmarkt in Chiang Mai lässt einem das Wasser im Mund zusammenlaufen. Überall Berge aus Obst, Gemüse, Gewürzen und Kräutern, alles strotzt vor Frische und satten Farben. Tausende Gerüche erreichen gleichzeitig die Nase, exotisch, fremdartig, betäubend. Eingelegter Tofu, zwanzig verschiedene Reissorten, Band-, Glas- und Schlupfnudeln, Süßkartoffeln, hier findet sich alles für das selbstgekochte Menü.

Kochlehrerin Gayray erklärt an den Marktständen die Unterschiede zwischen Kaffir-Limetten und Zitronengras, Galgant und Ingwer, Morcheln und Mu-Err-Pilzen, zeigt, wie frische Kokosmilch für die beliebten Currys hergestellt wird, und klärt über die Schärfe der verschiedenfarbigen Chilis auf.

Obwohl Fastfood, Tiefkühlkost und Instantnudeln in Supermärken und einschlägigen Restaurants auf dem Vormarsch sind, legen die Thais noch sehr viel Wert auf Selbstgekochtes für das große Familienschlemmen. Die Zauberwörter dafür heißen Sanuk und Sabai, was soviel bedeutet wie Spaß und Wohlfühlen. Und genau das will Miss Gayray bei ihren Kursen in der Thai-Kochschule „Asia Scenic" vermitteln. Sie studierte Kunstgeschichte, arbeitete als Fremdenführerin, danach packte sie selbst das Reisefieber und sie erkundete Thailands Nachbarländer. „Nirgendwo war das Essen so lecker wie bei uns", schwärmt Gayray. „Ich habe oft die Kochkünste meiner Großmutter vermisst." Von ihr lernte Gayray die Zubereitung der vielen Gerichte und gibt jetzt Besuchern aus aller Welt die Geheimnisse der Thai-Küche weiter.

Unten:
Kochlehrerin Gayray erklärt auf dem Markt die Herstellung und Verarbeitung von Kokosnussmilch.

In der Kochschule am Ende der schmalen Gasse Ratchadamnoen Soi 5 sind die Esstische schon liebevoll eingedeckt. Geschnippelt, gebrutzelt, geköchelt und verkostet wird im luftig überdachten Garten, gleich an der ruhigen Seitenstraße. Zaungäste sind willkommen. Die Kochstellen glänzen im Edelstahl-Look. Wok, Messer, Schneidebrett und Kochlöffel warten auf ihren Einsatz.

Rechts:
Fertig! Gang Kheow Wan Gai, zu deutsch grünes Thai-Curry mit Huhn, ist leicht bekömmlich, fettarm und verwöhnt die Geschmacksnerven.

Auf dem Speiseplan stehen als Starter ein frischer Papayasalat, danach Tom Yam Gung, eine klare Suppe mit Garnelen, Galgant und Zitronengras. Als Hauptgericht wird es feurig-scharf mit dem Gang Kheow Wan Gai, einem Hühnchen-Curry mit grüner Chilipaste, und als Brandlöscher ein Dessert mit Kochbananen in süßer Kokosmilch.

Thai-Curry zum Nachkochen

Lust zum Nachkochen von einem grünen Thai-Curry? Los geht's! Die grüne Paste ist das Herzstück des Rachenputzers. Sie ist ein Mix aus vier Knoblauchzehen, einer roten Zwiebel, einem Teelöffel Koriandersamen, zwei Stangen Zitronengras, einem daumengroßen Stück Galgant, frisch geriebener Schale einer Kaffir-Limette und drei grünen Chilis (extrascharf). Alles im Mörser verreiben oder alternativ einen Mixer nutzen.

Jetzt geht's ans Kochen. Zwei Esslöffel Kokosmilch im Wok erhitzen bis einen die Fettaugen anblinzeln. Dann die Paste dazugeben und eine Minute aufkochen lassen. Dabei fleißig rühren! Jetzt 200 Gramm Huhn darin kurz garen, mit 230 Milliliter Kokosmilch ablöschen und erneut aufkochen lassen. Danach geviertelte Miniauberginen und feingeschnittene roten Chilistreifen (mild) dazugeben. Mit Fischsauce und Palmzucker den Geschmack abrunden. Garniert wird das Curry mit frischen Thai-Basilikumblättern. Voilà, guten Appetit!

Gayray gibt Tipps, die beim Kochen mit Chili wichtig sind: Nach dem Zubereiten des Scharfmachers Hände gründlich mit Salz und Wasser waschen und man(n) sollte vor dem Hände reinigen nicht auf Toilette gehen.

Elektrische Mixer und Zerkleinerer sind tabu. Traditionell kommt der Mörser für die Paste zum Einsatz.

Hier haben wir die grüne Currypaste. Mit dieser Paste ist Vorsicht geboten. Schärfer geht's nicht.

Wat Phra That Doi Suthep – das Wahrzeichen der Stadt Chiang Mai. Von der Tempelanlage mit dem vergoldeten Chedi hat der Reisende einen fantastischen Ausblick auf die Stadt.

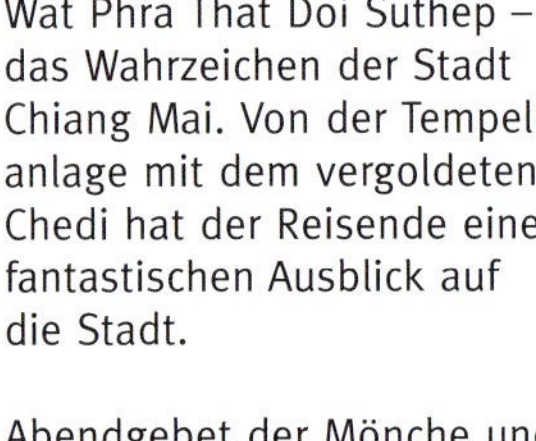

Abendgebet der Mönche und Novizen in der Gebetshalle des Wat Chedi Luang. Die Gebetshalle wurde 1928 errichtet. Die gesamte Tempelanlage ist die größte in Chiang Mai und liegt im Zentrum der Altstadt.

Rechte Seite:
Laut archäologischen Hinweisen wurde Wat Phra That Phanom vor circa 1200 Jahren erbaut und seitdem mehrmals rekonstruiert. Der buddhistische Tempel zählt zu den am meisten verehrten Heiligtümern im Isan. Der verzierte Chedi enthält einen Brustknochen von Lord Buddha. Besonders glückverheißend soll der Besuch für Gläubige sein, die an einem Sonntag geboren sind.

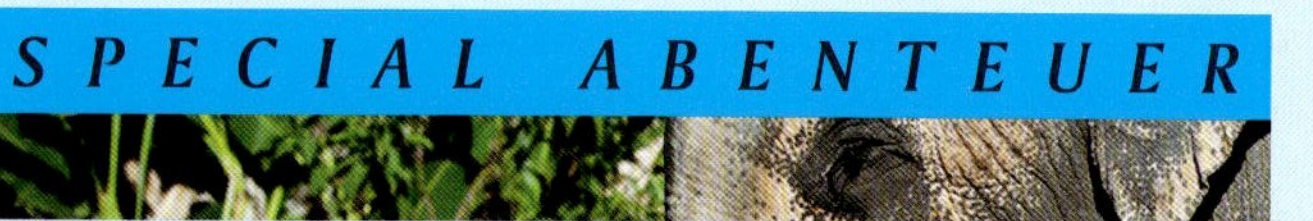

Klinik für Thailands graue Riesen

Mahut Somchai lockt mit reifen Bananen. Nur noch einen Schritt! Behutsam verlagert Motala ihre drei Tonnen Gewicht auf das linke Vorderbein und stemmt sich nach vorn. Geschafft! Die neue Beinprothese sitzt. Ausgelassen wirft sich die Elefantendame mit dem Rüssel eine Ladung Sand ins Genick. Man sieht der schwergewichtigen Patientin die Lebensfreude an. Jetzt kann Somchai sie endlich entlassen – nein, nicht in den Dschungel, nur zurück ins überdachte Gehege. Motala ist Dauerpatientin im Elefantenkrankenhaus der Stiftung „Friends of the Asian Elephant".

Von der Auswilderung ihrer Schützlinge in ein natürliches Habitat träumt Tierschützerin Soraida Salwala oft. Die ehemalige Juweliermeisterin kehrte dem Familienunternehmen den Rücken, um 1993 das weltweit erste Elefantenkrankenhaus nördlich von Lampang zu gründen.

Rechts:
Soraida Salwala, Gründerin der weltweit ersten Klinik für Elefanten, kennt von jedem Patienten Alter, Name und die Krankenakte. Beim morgendlichen Rundgang gibt's Streicheleinheiten für jeden Dickhäuter.

Oben:
Domestizierte Elefanten benötigen genauso viel Zuneigung wie bei uns Hunde oder Katzen. Elefanten fühlen, wer es mit ihnen gut meint. Misshandlungen vergessen sie nie!

Als 1989 Thailands Regierung das Abholzen der Primärwälder für kommerzielle Zwecke unter Strafe stellte, wurden Elefantenführer mit ihren Elefanten über Nacht arbeitslos. Was macht man mit einem ausgewachsenen Jumbo, der am Tag bis 200 Kilo Grünzeug verdrückt und kein Geld mehr verdient? Vor diesem Problem standen Hunderte Elefantenbesitzer. Viele Dickhäuter kamen in der Tourismusindustrie als Reittiere oder Zirkusclowns unter, andere müssen ihr Futter auf nächtlichen Betteltouren in Großstädten verdienen. Krankheiten sind da nicht zu vermeiden.

Seitdem die von Spenden finanzierte Elefantenklinik ihre Pforten öffnete, behandelten hier die Ärzte über 3000 Fälle. Auf dem Gelände mit einer Ausdehnung von fünf Fußballfeldern sind Unterstände, Spritzen, Medizinflaschen und Tablettenrationen genauso überdimensional groß, wie die zu behandelnden Patienten.

Die komplizierte Beinamputation von der tonnenschweren Motala war die bisher größte Herausforderung der Tierärzte im Hospital. Motala ist eines der vielen Minenopfer in dem seit Jahren schwelenden Bürgerkrieg zwischen dem Volksstamm der Karen und den regierenden Militärs in Myanmar. Die Junta verseuchte im Grenzgebiet zu Thailand weite Gebiete mit todbringenden Landminen. Nach der lebensbedrohlichen Amputation versorgten Tierärzte und Mahut Somchai neun lange Jahre das Bein, bis die Wunde endlich verheilte.

Rechts:
Zweimal täglich behandelt Dr. Kayan den verletzten Fuß der Elefantenkuh Mae Kapae. Eine Landmine zerfetzte ihr rechtes Hinterbein. Über ein Jahr wird die Behandlung dauern, bis die Elefantendame wieder einigermaßen laufen kann.

Landminen und andere Gefahren

Ganz anders bei Kandidatin Mosha, dem kecken Elefantenmädchen. Auch sie ist Dauerpatientin und beim Spielen im Alter von sieben Monaten ebenfalls auf eine burmesische Landmine getreten. „Bei ihr verheilte der Fuß verhältnismäßig schnell", erzählt Tierärztin Cruetong Kayan. „Mosha bedeutet in der Karen-Sprache Stern und sie kam in einer sternenklaren Nacht zu uns ins Hospital", witzelt Frau Kayan und ist glücklich, dass Mosha ihre erste Prothese schon nach zweieinhalb Jahren tragen konnte. Tierschützern wie Soraida Salwala ist es auch zu verdanken, dass seit 2010 in Bangkok Mahuts mit ihren Elefanten nicht mehr betteln dürfen. Viele ihrer Patienten sind Straßenelefanten, die Nacht für Nacht durch Amüsiermeilen ziehen mussten. „Die Tiere haben erhebliche physische aber auch psychische Leiden", erzählt Frau Salwala. „Wenn die Menschen mit den Elefanten weiter so umgehen, werden nachfolgende Generationen die Tiere nur noch in Büchern betrachten können", schlussfolgert sie. „Früher haben unsere Vorfahren mit den Elefanten Kriege geführt, heute müssen wir um ihr Überleben kämpfen."

Jüngste Dauerpatientin in der Klinik, Elefant Mosha mit ihrer neuen Beinprothese. Jeden Tag lernt die Fünfjährige mindestens zwei Stunden mit dem künstlichen Bein laufen.

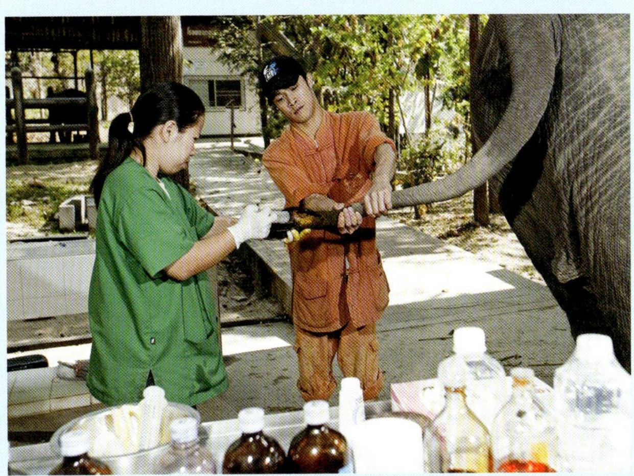

Tierärztin Cruetong Kayan behandelt das Schwanzende der Elefantenkuh Yui. In den Trekkingcamps kommt es oft zu Unfällen.

So sieht die neue Prothese von Motala aus. Vierteljährlich kommen aus Chiang Mai Mitarbeiter der „Prostheses Foundation" und modifizieren die Kunstbeine.

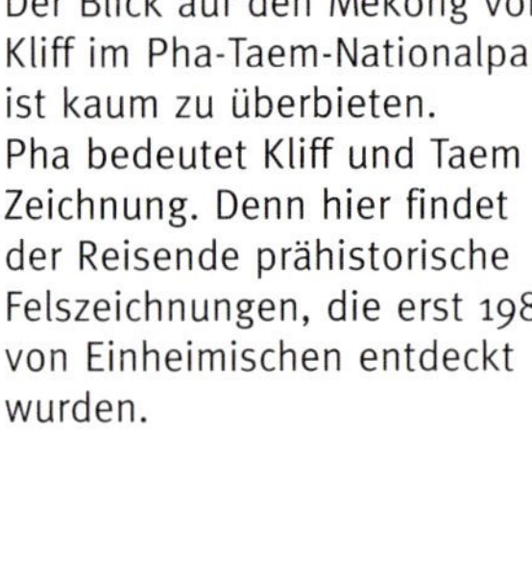

Der Blick auf den Mekong vom Kliff im Pha-Taem-Nationalpark ist kaum zu überbieten.
Pha bedeutet Kliff und Taem Zeichnung. Denn hier findet der Reisende prähistorische Felszeichnungen, die erst 1981 von Einheimischen entdeckt wurden.

Rechts:
Der 340 Quadratkilometer große Pha-Taem-Nationalpark liegt 20 Kilometer nördlich von Khong Chiam; faszinierend sind die Felsformationen.

Ganz rechts:
Die 300 Felszeichnungen im Pha-Taem-Nationalpark sind in vier Gruppen unterteilt. Der Mönch betrachtet hier die über 3000 Jahre alten Abbildungen der zweiten Gruppe. Diese am besten erhaltenen Darstellungen verteilen sich auf einer 180 Meter langen Felswand und erzählen vom Leben der Menschen am Mekong.

Klassenfahrt zum Wat Tham Khuha Sawan. Nach einem Gebet interessieren sich die Schüler für ihre Zukunft. Dafür schütteln sie einen Behälter mit nummerierten Stäbchen so lange bis eins herausfällt. Mit dieser Nummer holen sie sich den passenden Zettel aus dem Regal mit den Zukunftsprognosen. Ob das bei einer Klassenarbeit hilft? – Der Tempel thront oberhalb des Dorfes Khong Chiam und wurde vom laotischen Mönch Luang Pu Kham Khaning Chunlamani 1978 gebaut. Er meditierte in der Höhle unterhalb des Tempels. Seit seinem Tod wird der einbalsamierte Körper in einer Glasvitrine aufbewahrt.

Recycling einmal anders! Im Wat Lan Khuat, „Tempel der Millionen Flaschen", zeigen buddhistische Mönche, dass Flaschen und Kronkorken nicht in den Müll wandern müssen. Abt Phra Khru Wiwek Tama Chan gründete den Flaschentempel 1977 in Khun Han. Die Mönche sammeln in ihrer Umgebung Bierflaschen (grün = Heinecken, braun = Leo, Chang und Singha), Softdrink-Flaschen und Fläschchen der Powerdrinks Red Bull, M-150 und Shark. Da in Thailand Flaschenpfand unbekannt ist, geht den Robenträgern das Baumaterial nicht aus. Über 1,5 Millionen Flaschen und Kronkorken verzieren heute den Haupttempel, das Krematorium, den Glockenturm, die Gebetshalle, 13 Mönchsunterkünfte und die Besuchertoiletten.

Laos – Das ruhige Land der Heiterkeit

Die landschaftlich reizvollste Strecke führt vom Goldenen Dreieck in die alte Königsstadt Luang Prabang. Die Flussfahrt unternimmt man mit einem bananenförmigen Slowboot, dem nicht ungefährlichen Speedboot oder, wer es luxuriös mag, checkt in einem Boutique-Kabinenschiff ein. Enge Schluchten, wilde Strudel und scharfkantige Felsen machen es keinem der Bootsführer einfach. Vom Dschungel bedeckte Berge rahmen den Mekong beidseitig ein. Mit viel Glück verladen irgendwo an einer der vielen Sandbänke schwergewichtige Arbeitselefanten mannsdicke Teakholzstämme auf rostige Lastkähne. In Luang Prabang spürt der Reisende noch das alte Asien, besonders beim allmorgendlichen Almosensammeln, wenn die Mönchsgemeinde in einem safrangelben Streifen durch die Altstadt zieht. Auf keinen Fall sollte man ein Dinner in einem der Terrassen-Restaurants am Mekong verpassen – Sonnenuntergang inklusive. Zwischen der Hauptstadt Vientiane und der Provinzstadt Pakse bildet der Mekong die Grenze zwischen Thailand und Laos, hier wirkt er breit und träge. Erst ganz im Süden tauchen Tausende kleine und große Inseln aus der Wasseroberfläche auf. Ein Besuch der tosenden Wasserfälle Khon Phapeng und Somphamit sind ein Muss bevor der Mekong Laos verlässt.

Bis zum Sonnenuntergang ist Leben auf dem Mekong. Fischer vor der Insel Don Khon kontrollieren ihre Netze und legen neue Köder für die Nacht aus.

Linke Seite:
Laotische Boote erinnern ein wenig an schwimmende Bananen. Die Holzboote transportieren Menschen, Tiere und Waren. Für die bei Rucksackreisenden beliebte Strecke von Houay Xay nach Luang Prabang benötigt solch ein Passagierboot zwei Tage. Übernachtet wird auf halber Strecke in Pakbeng.

Das beschauliche Leben auf dem Fluss lässt sich gut von den vielen Terrassen der Restaurants beobachten. Wer dazu noch ein Beerlao oder einen Mojito auf dem Tisch hat, verlässt seinen Platz garantiert nicht vor Sonnenuntergang.

Ein Mönch genießt vom Wat Chom Phet die grandiose Aussicht auf Luang Prabang. Die Altstadt befindet sich auf einer Halbinsel und wird von den zwei Flüssen Mekong und Nam Khan eingerahmt.

Seite 64/65:
Der Khon Phapeng ist der breiteste Wasserfall in Südostasien. An einigen Stellen stürzt er bis 18 Meter in die Tiefe. Hier wirft ein Fischer sein sieben Kilogramm schweres Netz ins Wasser. Die Ausbeute ist gering, der Job lebensgefährlich. Scharfkantige Felsen, steile Kliffs und mitreißende Wasserstrudel können den Fischern zum Verhängnis werden.

Kurs auf das Goldene Dreieck mit der „Mekong Sun“

Rechts oben:
Die „Mekong Sun“ bietet mit 14 Kabinen Platz für maximal 28 Personen. Im Bug des Hauptdecks liegt die einzige Kabine mit Panoramablick in Fahrtrichtung – perfekt für Honeymooner.

Rechts Mitte:
Hier ruht der Franzose Alexandre Henri Mouhot. Er war Forschungsreisender, Naturalist und gilt als Wiederentdecker der Tempelanlage Angkor in Kambodscha. Seine große Leidenschaft galt der Mekong-Region.

Rechts unten:
Die Berge rund um Luang Prabang bieten grandiose Ausblicke auf den Mekong.

Rechte Seite, oben:
In Luang Prabang heißt es früh aufstehen. Vor Sonnenaufgang erhalten die Mönche und Novizen ihre Almosen von den Gläubigen. Im Hintergrund das Wat Xieng Thong. Der älteste Tempel der Stadt wurde unter der Herrschaft von König Setthathirat 1560 errichtet.

Rechte Seite, Mitte:
Am Abend wird es bunt in Luang Prabang. Auf dem Nachtmarkt in der Sisavangvong-Straße bieten zahlreiche Händler ihre Produkte an.

Rechte Seite, unten:
Bestickte Taschen, glänzende Seidentücher, bunte Kissen, selbstgenähte Kleidung, gemalte Bilder, Silberschmuck, Lampen aus handgeschöpften Papier, Buddha-Statuen … Der Nachtmarkt in Luang Prabang hat einiges zu bieten.

Wer den Mekong bereist, sollte mindestens einmal das Grab des Mannes besuchen, der als Pionier aller Mekong-Abenteurer gilt, laut Mister Vang. Das bringe Glück bei der Weiterreise und koste hin und zurück nur 30 000 Kip. Mister Vang ist Tuk-Tuk-Fahrer in Luang Prabang. Während er oberhalb an der staubigen Straße wartet und ein laotisches Nickerchen macht – Laoten können nämlich überall schlafen –, tapsen wir einen schlammigen Pfad entlang über einen sanften Hügel bis zu dem weißen Grabstein. Hier scheint lange niemand gewesen zu sein. Die kleine Bank ist mit vertrocknetem Laub bedeckt, eine Ameisenstraße schlängelt sich quer über die Sitzfläche. Ab und an finden vereinzelte Sonnenstrahlen den Weg durch den grünen Blätterwald. Das diffuse Licht macht diesen mystischen Ort noch geheimnisvoller. Die Vögel scheinen respektvoll leise zu trällern, nur das monotone Rauschen des Nam-Khan-Flusses dringt wie eine endlose Sinfonie durchs Dickicht. Hier also befindet sich die letzte Ruhestätte des Mannes, der mit eisernem Willen den Mekong auf seiner ganzen Länge bereisen wollte. Und hier nahm seine Abenteuerreise im Nebel einer Malariainfektion ein abruptes Ende. Heute erinnert nur noch der weiße Grabstein mit den leuchtend goldenen Lettern „Henri Mouhot 1826–1861“ an den mutigen Mekong-Forscher.

Kolonialer Chic am Mekong

So stellt man es sich vor, das „alte“ Asien. Dampfende Garküchen auf dem Gemüsemarkt, leise rollender Verkehr in engen Gassen, Frangipani-Blüten, die überall ihren süßlichen Duft verströmen, Klosteranlagen mit Gebetshallen,

s denen sonore Gesänge der Mönche dringen, und das es gemixt mit einem Hauch kolonial-morbiden Kolorits. ang Prabang, seit 1995 Weltkulturerbe, ist so ein Ort, und eifelsohne der schönste unter den ehemaligen Königs- dten im alten Indochina.

Hier beginnt das „alte" Asien schon früh am Morgen. Die ten Trommelschläge um vier Uhr treiben Novizen und önche aus ihren Betten – Morgenwäsche, Morgengebet, orgencheck bei Facebook. Pünktlich um halb sieben ver- sen 800 Geistliche die 30 Klöster der Stadt und schreiten tte an Kutte, wie ein orangefarbener Leuchtstrahl, durch Altstadt. Einheimische beschenken sie mit weißen breiskugeln, Süßigkeiten und Geldscheinen, Touristen ichen die Würdenträger in grelles Blitzlichtgewitter.

Kaum ist die Mönchsprozession vorbei, füllen sich die fés und Bistros mit Touristen. Ofenfrische Baguettes, fé au lait und der Schmelzkäse La Vache qui rit („Die hende Kuh") verdrängen Nudelsuppe und gebratenen is von den Speisekarten.

Längst hat die Sonne Luang Prabang in strahlendes ht getaucht und lässt das Gold der Pagodenspitzen glän- n. Im Wat Xieng Thong, dem ältesten Kloster der Stadt, ffen wir Novize Shanti. Der 14-Jährige kommt aus dem gelegenen Dorf Ban Don Noi, hoch oben im Norden von

Rechts:
Warum haben Drachenfrüchte schwarze Kerne? Wie schält man eine Pomelo? Welche Frucht besitzt am meisten Vitamin C? Kreuzfahrtchefin Sabine klärt alle Fragen bei der Früchtepräsentation an Deck.

Laos. Seit drei Monaten studiert er hier die Lehren Buddhas, Mathematik und Englisch. Sein Zimmer in der Klosterherberge ist größer als das Haus seiner achtköpfigen Familie. Ob er denn wieder zurück in sein Dorf möchte, wollen wir wissen. „Nein!", schießt es wie aus der Pistole. „Dort muss ich nur Rinder hüten und Gummibäume anritzen." Trotz der Schulpflicht in Laos bekommen viele Jungen nur in einem Kloster die nötige Grundausbildung. Mädchen gehen leer aus. Für sie sind Klosterschulen „No-Go-Area".

Leiser Gang auf warmen Planken

Keine zwei Minuten vom Wat Xieng Thong entfernt, gehen wir an Bord auf unser Zuhause für die nächsten Tage. Das schicke zweistöckige Kabinenschiff „Mekong Sun" nimmt uns ins berühmt-berüchtigte Goldene Dreieck nach Thailand mit. Die Straßenschuhe bleiben, wie in Asien üblich, am Eingang stehen, so zeigt der Gast dem Hausherren seinen Respekt. Zudem fühlt es sich weich und warm an auf den blanken Holzdielen barfuß zu wandeln. Gemächlich gleitet unser Schiff stromaufwärts. Hinter Luang Prabang fließt der Mekong ruhig und träge, kein Gurgeln, kein Zischen, kein Wirbeln, als sei der große Strom in die Jahre gekommen. Die 1000 PS der zwei Hino-Motoren schnurren gutmütig mit halber Kraft. Vielleicht, um nicht die vie Buddha-Figuren in der Tham-Thing-Höhle am linken U zu erschrecken. Aus Bronze, Palisanderholz, Ton oder Sa stein, je nachdem was sich der Pilger leisten kann, ste sie im Schutz der Dunkelheit, eingehüllt vom Staub d letzten Jahrhunderte. Anschauen erlaubt, mitnehmen v boten! Es gab in der Vergangenheit Souvenirjäger, die i langen Finger nicht unter Kontrolle hatten.

Unten:
Seit Jahrhunderten spenden die Laoten Buddha-Statuen für die Höhlen Tham Thing und Tham Theung. Ein Buddhist würde sich an den Figuren nie vergreifen, Touristen schon.

Logenplatz im Freilichtkino

An Bord unseres Teakholz-Kreuzers geht es den ganz Tag typisch laotisch zu – sehr ruhig. Wer nicht am Elef tenrätsel, dem Kochkurs mit Mister Tie oder an der Früch präsentation von Kreuzfahrtdirektorin Sabine teilnim übt sich in Müßiggang. Die Liegestühle auf dem Oberd bieten dazu Logenplätze in der ersten Reihe für ein gr artiges Freilichtkino, in dem winkende Kinder, Fischer u lachende Frauen als Schauspieler mitwirken und die Kuli ein grün getünchter Dschungelkorridor ist – und das a im Panoramaformat.

Bootsmanager Phetchamphone Khoundala, der einfa heitshalber nur Mister Oth genannt wird, liebt genau die Naturerlebnis in Laos. Fragt man ihn nach den Anfäng seiner Laufbahn als Bootsbauer und Touristikunternehm

Links:
Kapitän Khao und Steuermann Khamphan beobachten konzentriert den Mekong. Ihr Echolot ist das Gedächtnis. Mit gedanklichen Linien zu markanten Bäumen, Gebäuden und Bergen navigieren sie das 40 Meter lange Kabinenschiff durch Stromschnellen und Untiefen.

Links:
So lässt sich der Tag auf dem Schiff gut beginnen: an Deck die morgendliche Stille mit einer Tasse Darjeeling oder einem frischen Kaffee genießen.

Ganz links Mitte:
Was Chefkoch Tie und Koch Xayaphoum in dieser kleinen Bordküche zaubern, lässt jeden Fünf-Sterne-Koch erblassen. Die meisten Gäste wollen die beiden mit nach Hause nehmen.

Ganz links unten:
Das Essen ist angerichtet! Wenn dieser Gong ertönt, lassen die Geschmacksnerven einen Freudenschrei los.

Links:
Der perfekte Rückzugsort: die Kabine mit dem französischen Balkon. Für den ganz Faulen lässt sich bequem vom Bett aus das Leben auf dem Fluss beobachten.

Links:
Was für eine Karriere – vom Studenten für Telekommunikation zum Bootsmanager! Herr Oth hat aufs richtige Pferd gesetzt, den Tourismus. Das kleine Laos steigt stetig auf der Beliebtheitsskala von Asienreisenden.

Rechts:
Das Flusskreuzschiff ankert für die Nacht an einer Sandbank.

ist er kaum zu bremsen. Seine Aussprache verrät, dass er in Leipzig Telekommunikation studierte. „Als ich 1995 nach Laos zurückkehrte, stand ich vor dem Nichts. Politschulung, Kopfwäsche und sechs Monate ohne Arbeit, ja, die da oben haben den Neuanfang nicht leicht gemacht.“ Anfang 2003 kam Hans Engberding, Chef des Berliner Unternehmens „Lernidee Erlebnisreisen“, in Oths Arbeitsleben. Schnell waren sie sich einig: Wir zeigen den Touristen den Mekong auf unseren eigenen Kabinenschiffen. „Ich hatte keinen blassen Schimmer vom Schiffsbau, aber Hans sagte, du schaffst das schon“, erzählt er weiter. Tatsächlich startete zwei Jahre später, Ende November 2005, der halbfertige Katamaran zur Jungfernfahrt ins chinesische Jinghong mit 40 Handwerkern an Bord. Alle mussten Tag und Nacht arbeiten, schließlich war die Rücktour schon mit 23 Gästen ausgebucht. „Und dann beschlagnahmten noch die Chinesen an der Grenze das teure argentinische Filet“, ärgert sich Oth. „Das Kilo kostete uns 20 Dollar!“

Bon Appétit – frittierte Grille auf nüchternen Magen

Unser Flusskreuzschiff stoppt jeden Abend an einer anderen Sandbank. Zum Bergfest-Dinner haben sich Schiffskoch Tie und die Crew etwas besonderes einfallen lassen. Barbecue unter Bananenstauden im Mondschein. Den geselligen Abend mit Lagerfeuer, selbstgebranntem Reisschnaps und Beerlao würzen Mister Tie, Barkeeper Sid und Kellner Somephone mit Klampfe und laotischen Liebesliedern.

Als sich die Sonne am nächsten Morgen noch schüchtern hinter den watteverhüllten Bergen versteckt, ist Kapitän Khao schon mit dem Spaten und einer Plastikflasche am Ufer unterwegs. Grillenjagd. Löcher, so groß wie eine Fünf-Cent-Münze, verraten ihm den schmackhaften Erdbewohner. Vor dem Frühstück kommt Mister Khao mit einem Teller goldbraun frittierter Insekten aus der Küche und hält ihn in die Runde. Die Krabbler triefen vor Öl und strotzen vor

Kalorien, aber ein Laap, das laotische Nationalgericht a Gehacktem, Minze, Zitronengras, Fischsoße und Reism scheint uns dann doch vertrauenswürdiger.

Allein die Fahrt auf dem Nam-Tha-Fluss ist es schon we sich bei 33 Grad die signalroten Schwimmwesten anzut Die wendigen Boote kreisen um wilde Stromschnellen, braune Brühe brodelt und kocht. Auf Einheimische müss wir wirken wie Bojen auf der Flucht. An den Ufern fliegt c Dorfleben vorbei, üppiges Grün der Wälder bleibt Gedächtnis haften, kaum Brandnarben, kein Kautsch Nach 30 Minuten wieder mit festem Boden unter d Füßen, stehen wir im Dorf der Khmu-Ethnie Don Mix Nach einer kurzen Dorfbesichtigung, mit Augenmerk a die Affenschädel über den Hauseingängen, die böse Geis fernhalten sollen, steht das Schulprojekt der „Mekong Su auf dem Plan. Hefte und Stifte nehmen die drei Lehrer ge entgegen. Die Regierung verpflichtet Lehrkräfte aus Vi tiane in diese abgelegenen Dörfer. Kostenlose Unterkur eine kleine Parzelle Land, 30 US-Dollar im Monat und Sack Reis als Lohn, die delegierten Lehrer gehören zu d Gutverdienern im Land.

Zwischen Houay Xay und Chiang Saen, unserem letz Abschnitt, zickt der Mekong ab und zu, wird heimtückis gefährliche Sandbänke und Riffe liegen dicht unter d

sseroberfläche. Für die letzten 50 Kilometer bekommt Crew Verstärkung. Der Lotse Mister Chit, ein Laote XXL, kennt die Gegend wie seine Westentasche, er ist r aufgewachsen. Kein Echolot, keine Flusskarte, nur mit nem Gedächtnis führt er unseren Flusskreuzer durch die ährlichen Passagen. Markante Bäume, Gebäude und gel in der Landschaft dienen ihm in gedachter Linie zum kong als Orientierung.

Im thailändischen Chiang Saen angekommen, macht n etwas Schwermut unter den 21 Gästen breit. Die erleb-reiche Fahrt mit einer klasse Crew durch das ruhige ıd der Heiterkeit geht hier zu Ende. In Thailand hingegen Feierstimmung. Hier dreht sich die nächsten Tage alles das Lichterfest Loy Krathong. Die Thais lassen schon ende vorher einen Khom Fai, den Feuerballon aus Pergantpapier, in den Himmel steigen, begleitet mit allerlei inschen. Wir stehen auf der erhöhten Promenade, unter s die illuminierte „Mekong Sun", über uns der klare chthimmel. Unser Khom Fai ist nur noch ein kleiner chtender Punkt weit oben zwischen den Sternen. Er nmt unsere Wünsche mit auf seine Reise, dass die vielen ıudammprojekte von China und Laos niemals umgesetzt rden und die Laoten ihre unbeschwerte Lebensweise mit fröhlichen Natürlichkeit lange beibehalten.

Die meisten Gäste schlafen noch, da hat Kapitän Khao schon sein Frühstück gefangen. Hierzulande gelten frisch frittierte Grillen als Delikatesse.

Der Landgang nach Houy Phalam verspricht Abwechslung und Einblicke ins Dorfleben. In den Siebzigerjahren wurden hier von der laotischen Regierung die Menschen der Khmu-Ethnie angesiedelt. Heute leben hier hundert Familien vom Hirse-, Mais- und Gemüseanbau.

Lagerfeuer-Romantik und gute Laune. Laoten sind begnadete Musiker, Tänzer und Sänger. Die Crew macht es vor.

Grillabend unter freiem Himmel. Jetzt hat die Mini-Bordküche Pause. Chefkoch Tie lässt sich auch hier die Zange nicht aus der Hand nehmen.

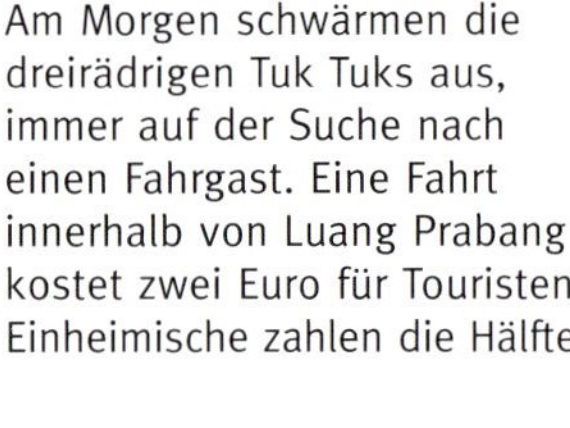

Am Morgen schwärmen die dreirädrigen Tuk Tuks aus, immer auf der Suche nach einen Fahrgast. Eine Fahrt innerhalb von Luang Prabang kostet zwei Euro für Touristen, Einheimische zahlen die Hälfte.

Rechts:
Alte Liebe rostet nicht! Frau Manychan mit ihrem schwarzen VW Käfer 1300. Sie hat ihn von einem Händler in Thailand gekauft und seitdem läuft und läuft und läuft er.

Ganz rechts:
Frau Ong arbeitet seit einem Jahr bei „Simone Saa Handicraft“ nahe Luang Prabang. Hier hat sie das Weben gelernt und kann von dem Verdienst ihre Familie ernähren.

Rechts:
Dieser Snack heißt Khau Kiap. Die dünnen Teigfladen aus Maniok, Sesam und Kokosnuss trocknen in der Sonne bis sie knusprig sind.

Ganz rechts:
Der Morgenmarkt Tha Heua am Palastmuseum: Hier bieten Frauen frischen Fisch und Krabben, Exotisches wie Frösche, lebende Maden und Seegras mit Knoblauch an. Vor buddhistischen Feiertagen steigt bei den Blumenverkäuferinnen der Umsatz an Tempelspenden aus orangefarbenen Tagetes.

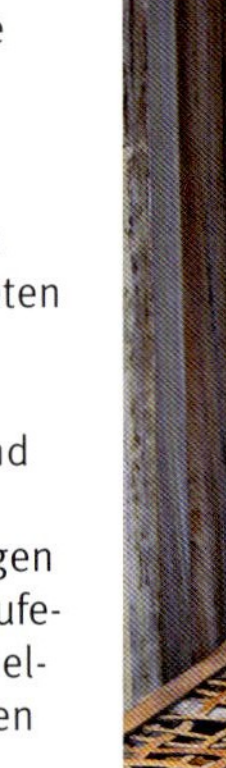

Links:
Das Wat Pa Phay befindet sich in einer ruhigen Seitenstraße und gehört zu den kleineren Tempelanlagen der Altstadt. Die Sterne aus buntem Papier am Dach zeugen vom vergangenen Bun-Ok-Phansa-Fest, dem Lichterfest im Oktober.

Unten:
Umgeben von tropischer Landschaft stürzt der Wasserfall Kuang Si kaskadenförmig in die Tiefe. Mehrere türkisfarbene Pools bieten hier bei sengender Hitze angenehme Abkühlung. Der Tad Kuang Si gehört zu den schönsten Ausflugszielen in der Umgebung von Luang Prabang und ist bequem und preiswert mit dem dreirädrigem Tuk Tuk zu erreichen.

Mit Muskelkraft und Köpfchen – Arbeitselefanten im Dschungel

Rechts:
Bekommen der Mahut und sein Elefant den Auftrag von der Holzindustrie, Baumstämme zu schleppen, müssen sie oft tagelang durch den Dschungel bis zur Arbeitsstelle laufen. An freien Tagen bleibt der Dickhäuter in der Nähe des Wohnhauses und darf nur zum Fressen in den Wald.

Unten:
Die Franzosen Gilles Maurer und Sebastien Duffillot gründeten die Tierschutzorganisation ElefantAsia. Sie kümmern sich mit ihrem Team um etwa 560 Arbeitselefanten in Laos, besonders in der Provinz Sayaboury. Dabei verwirklichten sie Projekte wie Sayaboury Elephant Care Unit, eine mobile Tierarztklinik und das Sayaboury Elephant Sanctuary.

Von Hongsa ins Holzfällercamp von Herrn Phengs Onkel ist es nur ein Katzensprung – sagte er jedenfalls. Mit Vierradantrieb schaukelte unser Pick-up über zwei Stunden auf einer Buckelpiste durch eine dampfend grüne Berglandschaft. Ein Landstrich, wo die Welt in Ordnung scheint, die Luft klar und rein, der Regenwald noch intakt. Jetzt, nach einer weiteren Stunde Höllenfahrt mit einem quietschgelben Speedboot auf dem Mekong, sind unsere Ohren taub und die Knie vibrieren. Die Laoten sagen über diese Höllensprinter: „Wer mit dem Speedboot fährt, hat eine Verabredung mit dem Tod." Unser Termin ist weitaus ungefährlicher. Wir besuchen Arbeitselefanten, die für die Holzindustrie schuften müssen.

Laos nannte sich einst Lane Xang – Land der eine Million Elefanten. Zu dieser Zeit sollen über 10 000 graue Riesen im Dschungel gelebt haben. Heute ist die Zahl des Elephas maximus nach vorsichtigen Schätzungen auf 1000 Rüsselträger geschrumpft, davon sind knapp die Hälfte Arbeitselefanten.

Undurchdringlicher Dschungel liegt vor uns. In dem dichten Grün kreischt, surrt und pfeift es. Die Schwüle packt uns mit voller Wucht. Wir schlittern auf durchgeweichten Pfaden an einem flachen Fluss entlang. Es dauert nicht lange und wir hören ein lautes Krachen im Bambus. Wieder Stille und nichts zu sehen. „Pai! Pai!" – „Geh! Geh!" Unsere laotischen Sprachkenntnisse reichen aus, um die Worte im Dickicht zu verstehen. Aus dem Blättervorhang schiebt sich ein Elefant, schnauft dabei wie eine Dampflok. Mahut Somphen, der Elefantenführer, sitzt hinter dem Kopf des grauen Riesen und dirigiert ihn mit kurzen Kommandos. Um seinen Worten Nachdruck zu verleihen,

Rechts:
Für Kräne, Bagger oder Trucks gibt es hier kein Durchkommen ohne den kompletten niederen Wuchs zu zerstören. Elefanten finden den noch so schmalsten Weg, um die Stämme ins Holzlager zu transportieren.

drückt der Mahut mit seinen Füßen hinter die wedelnden Elefantenohren. „Geht aus dem Weg!" Das gilt diesmal uns. Mit weit aufgerissenen Augen und den Rüssel vor Anstrengung gebogen, bewegt sich der Dickhäuter Meter für Meter bis in den Fluss. Im Schlepptau ein frisch gefällter Baumstamm, der wahrscheinlich das Doppelte wiegt wie die Elefantendame. Drei weitere Mahuts folgen mit ihren Arbeitstieren und verschwinden ebenfalls mit ihrer Last in Richtung Holzlager.

Herr Pheng erzählt, dass die Tiere maximal bis mittags arbeiten dürfen, weil es später zu heiß wird und sie den Rest des Tages benötigen, um sich von der schweren Arbeit zu erholen. „Vier Elefanten arbeiten zur Zeit für meinen Onkel. Alle kommen aus der Gegend um Hongsa." Herr Pheng kennt sie alle. Später im Holzfällercamp treffen wir Mahut Somphen

Harte Arbeit. Für einen dieser Baumstämme sind die Elefanten den ganzen Arbeitstag unterwegs. Die Arbeit beginnt für die Rüsselträger um sechs Uhr und endet gegen Mittag. Danach wird es zu heiß.

Elefanten können das Mehrfache ihres Körpergewichts ziehen. Hier bringt der Fluss etwas Erleichterung.

Mahuts beherrschen über 120 Befehle, um ihre Elefanten zu dirigieren. Über viele Jahre werden Tier und Mensch ein eingespieltes Team. Dann reicht manchmal schon ein leichtes Berühren oder ein anderer Tonfall des Elefantenführers, um dem Arbeitstier die Richtung zu zeigen.

und seine Elefantenkuh Mae Khaman wieder. Beide, 29 Jahre alt, sind seit der Kindheit zusammen. Zum Feierabend noch ein Bad im Fluss, dann darf sich die Elefantendame bis zum nächsten Morgen im Dschungel ausruhen.

Ungewisse Zukunft

Im Nachbarland Thailand verbot die Regierung 1989 unter drastischen Strafen den unkontrollierten Holzeinschlag. Tausende Mahuts wurden mit ihren Elefanten arbeitslos. Davor hat Mahut Somphen Angst. „Was mache ich dann mit meinem Elefant? Mae Khaman frisst täglich 200 Kilo Gras, dazu Bananen und Zuckerrohr. Ohne Einkommen kann ich mir das Futter nicht mehr leisten.“ Das laotische Forstministerium ist ebenfalls bestrebt, den noch verbleibenden Regenwald zu schützen. Allerdings dürfte es hier noch etwas länger dauern, bis die Arbeitstiere in den Ruhestand gehen. Für das kleine Binnenland ist Tropenholz der wichtigste Devisenbringer.

ke Seite:
mond über Vientiane im ober, Tausende Gläubige ern zum Allerheiligsten, n goldenen Stupa That ng. Das große Tempelfest t Luang wird zwei Wochen eiert. Ein bunter Jahrmarkt mit Karussells, Schießbuden, Verkaufsständen und Kaffeestuben umrahmt das Treiben. Höhepunkt ist die Vollmondnacht in der Mönche mit Kerzen den Hauptstupa im Uhrzeigersinn umrunden.

Unten:
Beliebter Treffpunkt am Abend: das Siegestor Patuxai an der Lane Xang Avenue. Hier spielen am Abend die Hauptstädter Badminton, Gitarre oder stellen sich für Gruppenfotos in Position. Die oberste Etage des Betonmonuments bietet einen Rundumblick auf die ruhige Hauptstadt. Angeblich wurde für das Tor der Zement verarbeitet, den die USA für den Bau des Flughafens zur Verfügung gestellt hatte.

In der Ruhe liegt die Kraft – Reise mit der „Mekong Islands“

Rechts:
Die Insel Don Khong leuchtet im satten Grün. Die Insulaner leben hauptsächlich vom Reisanbau und von der Fischerei. Das warme Klima und die Wasserreserven des Mekong erlauben mindestens zwei Ernten im Jahr.

Herr Janthi freut sich über seinen Fang. Vier Karpfen, ein Barsch und ein glitschiger Mekongwels zappeln wild im Boot herum. Jeden Tag, kurz vor Sonnenuntergang, zieht der 49-Jährige mit seinem Sohn Joy das feinmaschige Netz aus dem Wasser. „Vor ein paar Jahren haben wir hier noch etwas mehr gefangen“, erzählt der Fischer, „aber wir wollen uns nicht beschweren. Es reicht zum Leben.“ So sind sie, die Laoten. Wenn es reicht, okay. Alles andere macht nur unnötig Stress – Müßiggang versus Mehrwert. Trotz Billigimporten aus China, der Beschallung mit Thai-Pop und Doku-Soaps im Fernsehen konnte die laotische Bevölkerung weitestgehend ihre Identität bewahren. Es heißt nicht umsonst: die Vietnamesen pflanzen den Reis, die Laoten schauen zu, wie er wächst, und die Kambodschaner ernten ihn. Fischer Janthi baute hier vor 24 Jahren sein Haus und gründete eine Familie. „Zu der Zeit war die neue Asphaltstraße 14 A noch eine schmale Staubpiste“, erinnert sich Herr Janthi, „und an Touristen wie ihr, die mit einem Kreuzfahrtschiff den Mekong bereisen, war überhaupt nicht zu denken.“

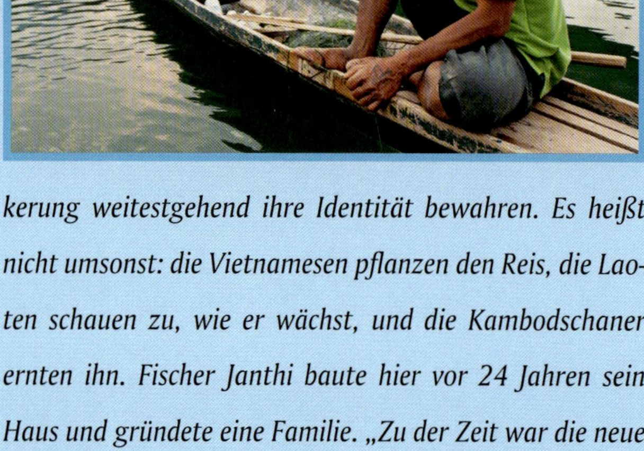

Hier geht das Leben noch sehr ruhig zu. Fischer Janthi aus dem Dorf Hung Noi legt am späten Nachmittag neue Köder für die Nacht aus. Vor Sonnenaufgang wird er die Schnüre wieder einholen, immer mit der Hoffnung, dass ein fetter Brocken am Haken zappelt.

Unsere Schiffsreise begann in der Kleinstadt Pakse, d[...] Verwaltungszentrum der Champasak-Provinz. Ein für l[...] tische Verhältnisse quirliger Ort, der in den letzten zw[...] Jahren, seit Fertigstellung der Lao-Nippon-Brücke über d[...] Mekong, einen Aufschwung erlebt. Pakse profitiert v[...] Grenzverkehr mit dem 46 Kilometer entfernten Thailan[...] Seitdem blüht hier der Handel – nicht nur mit lega[...] Waren. Am Xe-Don-Fluss, unterhalb der Klosteranla[...] Wat Luang, lag unser Zuhause für die nächsten vier Ta[...] vor Anker. Ein Ort, der für den Beginn einer Reise auf d[...] Mekong nicht besser sein könnte. Mit Buddhas Segen kon[...] ten wir den Anker lichten.

Jetzt ist das Boutique-Schiff „Mekong Islands“ mit [...] geräumigen Kabinen, einer kleinen Bar und Sonnendeck m[...] Liegestühlen, zwölf Besatzungsmitgliedern, einem Reiselei[...] und zwölf Touristen auf Kurs nach Champasak und wei[...] zu den 4000 Inseln, Si Phan Don. Für die erste Übernachtu[...] hat unser Teakholz-Liner im Dorf Hung Noi ganz in der Nä[...] von Herrn Janthis Haus angelegt. Am Ufer ein paar ein[...] zäunte Gemüsefelder, hier wachsen Salat, Bohnen, Min[...] Kinder seifen im Mekong ihren Mischlingshund ein, daneb[...] ein paar Frauen bei der Abendwäsche, Männer flicken ih[...] Netze, dazu trinkt man schon mal gern ein Schlückch[...] Lao Lao, den klaren Selbstgebrannten aus Reis.

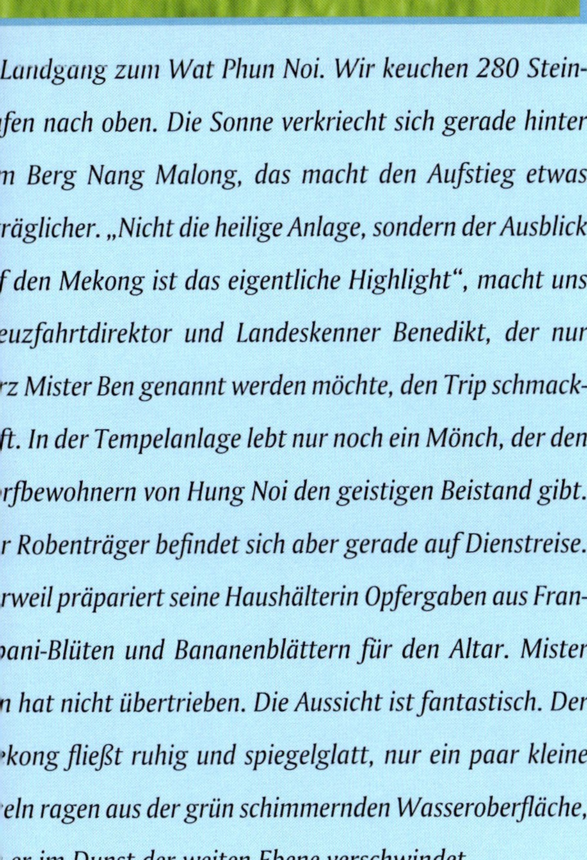

Landgang zum Wat Phun Noi. Wir keuchen 280 Stein-
fen nach oben. Die Sonne verkriecht sich gerade hinter
n Berg Nang Malong, das macht den Aufstieg etwas
räglicher. „Nicht die heilige Anlage, sondern der Ausblick
f den Mekong ist das eigentliche Highlight“, macht uns
euzfahrtdirektor und Landeskenner Benedikt, der nur
z Mister Ben genannt werden möchte, den Trip schmack-
ft. In der Tempelanlage lebt nur noch ein Mönch, der den
rfbewohnern von Hung Noi den geistigen Beistand gibt.
r Robenträger befindet sich aber gerade auf Dienstreise.
rweil präpariert seine Haushälterin Opfergaben aus Fran-
ani-Blüten und Bananenblättern für den Altar. Mister
n hat nicht übertrieben. Die Aussicht ist fantastisch. Der
kong fließt ruhig und spiegelglatt, nur ein paar kleine
eln ragen aus der grün schimmernden Wasseroberfläche,
er im Dunst der weiten Ebene verschwindet.

Dschungelkonzert zum Dinner

Langsam bricht die Dämmerung herein. Weißer Rauch
n den Kochstellen steigt in den Himmel. Ein Bootsmotor
bbert in weiter Ferne. Jetzt hat das Orchester des Dschun-
ls seinen Auftritt. Das Sirren der Zikaden schwillt rhyth-
sch an und bricht abrupt wieder ab, der Kawau schreit
s Leibeskräften und ein Chor aus quakenden Fröschen

Mönche und Novizen kehren vom morgendlichen Almosengang ins Wat Luang zurück. Hinter diesem Tempelkomplex liegt die „Mekong Islands“ vor Anker und wartet auf Passagiere.

Die „Mekong Islands“ wurde 2009 gebaut und startete ihre Jungfernfahrt noch im gleichen Jahr. Auf zwei Decks verteilen sich elf Schlafkabinen, eine kleine Bibliothek und ein Restaurant. Auf dem Sonnendeck lässt der Reisende mit einem Cocktail oder einem guten Glas Wein die Welt an sich vorbeiziehen.

Über Bello, Hasso, Bubi & Co. fallen schnell die Zecken und Läuse her. Da hilft nur Fellpflege mit Mekongwasser. Dieser Hund scheint die Wäsche zu genießen.

Herr Or arbeitet als Kellner und Barkeeper. Seine Weinkarte hält für jeden Geschmack das Richtige bereit.

Rechts:
In Laos sitzen Langnasen, so nennt man hier westliche Touristen, nie lange allein herum. Laoten sind gesellig und tasten sich schüchtern an den Besucher heran. Mädchen verschenken dabei gern Blüten und schaffen so den ersten Kontakt.

stimmt mit ein. Dann zerreißt plötzlich ein „Gong, Gong, Gooong" das abendliche Konzert. Der Koch ruft zum Dinner. Vier Gänge hat er in der Bordküche vorbereitet. Bittergurken-Suppe, Eierkuchen und Broccoli mit geröstetem Knoblauch machen den Anfang, Hühnchen-Curry mit Erdnüssen das Hauptgericht und „Mong Kheng", süßer Reis und Taro in Kokosmilch, schließen den Magen. Alles leichte Kost. Guten Appetit!

Der Morgen beginnt ähnlich, wie der Abend endete. Zartes Rosa am Himmel. Fischer, im schwarzen Scherenschnitt auf leicht kräuselndem Wasser, legen ihre Netze aus. Eine Frau gießt die Pflanzen im Beet mit Mekongwasser. Hähne krähen. Ein Hund bellt. So wird es hier auch morgen sein, übermorgen – jeden Tag. Jetzt gleiten wir mit halber Geschwindigkeit den Mekong weiter flussabwärts. Kapitän Si Keo verharrt mit voller Konzentration am Steuerrad und heftet seinen Blick auf die Wasseroberfläche. Der Mekong wird vor Champasak breiter, der Wasserstand niedrig.

Oben:
Badespaß im Mekong. Ein ausgedienter Reifenschlauch dient als schwimmender Untersatz für die Kids. Weiter südlich auf der Backpacker-Insel Don Det nennt man es Tubing, nur dass dort als Proviant ein Kiste Beerlao mitschwimmt.

Es ist Trockenzeit. „Der Fluss ändert sich in dieser Jahreszeit ständig", erklärt der 52-Jährige. „Sandbänke entstehen und verschwinden, Inseln tauchen aus dem Nichts auf." Er spricht aus Erfahrung. Seit fünfzehn Jahren manövriert er zwischen Pakse und Don Khong große und kleine Schiffe durch diese Untiefen. Auf der „Mekong Islands" ist er von Anfang an dabei. Im September 2009 hatte der Luxusliner seine Jungfernfahrt. Seitdem kreuzt das Schiff fast täglich

zwischen Oktober und April durch Süd-Laos. „Keine Sorg[e]", beruhigt Herr Keo, „das Schiff wurde im Wat Luang v[or] unserer Abfahrt von den Mönchen mit einer feierlich[en] Baci-Zeremonie gesegnet." Die neuen orangefarbenen B[...] der am Steuerrad beweisen es.

Khmer-Tempel Wat Phou

Wir legen in Champasak an. Nach dem Dösen auf d[em] Sonnendeck ist wieder Kultur angesagt. Zwei bunt bema[lte] Songthaews, die für Südostasien typischen Sammeltax[is], stehen schon bereit. Die Fahrt geht durch malerische Dörf[er], rechts Reisfelder, links der Mekong, zum Khmer-Tem[pel] Wat Phou am Fuß des 1416 Meter hohen Phou Kao. [...] Eckdaten sind schnell zusammengetragen: Kernbauz[eit] 9. bis 13. Jahrhundert, Tempelkomplex mit drei Hau[pt]ebenen auf 285 Hektar, seit 2001 UNESCO-Weltkult[ur]erbe, irgendwo immer eine Baustelle, Vollmondfest [...] Februar, 277 Sonnentage, Eintritt 30 000 Kip (ca. 3 Eur[o]), 47 000 Besucher jährlich – laut Herrn Sonexay Siphando[n], Gouverneur der Champasak-Provinz, steigt die Besuch[er]anzahl pro Jahr im Durchschnitt um 28 Prozent. Wat Ph[ou] ist der kleine Bruder von Angkor in Kambodscha. Was ei[nst] als hinduistisches Heiligtum errichtet wurde, ist heute [...] buddhistischer Wallfahrtsort.

Am Nachmittag nimmt die „Mekong Islands" wieder Fahrt auf. Die beiden Dieselmotoren brummen monoton, sind kaum wahrnehmbar. Das Leben am Ufer zieht langsam an uns vorbei. Maisfelder leuchten im satten Grün, Fischer reparieren ihre Reusen, planschende Kinder winken und rufen uns „Sabai dii", das laotische Hallo zu, Wasserbüffel kauen stoisch und glotzen unserem Schiff hinterher.

Letzter Halt mit unserem Flusskreuzer an der größten Insel im Delta Don Khong. Mister Ben und die anderen zehn Gäste besuchen am nächsten Morgen mit einem kleineren Boot die Wasserfälle Somphamit und Khon Phapeng. Für uns geht hier die entspannte Reise mit dem luxuriösen Kabinenschiff zu Ende. Wir bleiben noch auf Don Khong und nehmen ein paar Tage später ein Longtail-Holzboot, das traditionelle Fischerboot der Insulaner, und lassen uns damit auch ins Herz der 4000 Inseln nach Don Det, Don Khon und zu den größten Wasserfällen Südostasiens schippern. Die Besatzung der „Mekong Islands" erwartet die neuen Gäste aus Kambodscha, um stromaufwärts in Richtung Heimathafen nach Pakse zurückzufahren. Herr Janthi wird dann wieder in seinem Ruderboot sitzen, langsam das Netz einholen und dabei in aller Seelenruhe der „Mekong Islands" nachschauen, bis der Dunst das Schiff verschlingt.

Links Mitte:
Kapitän Si Keo am Steuerrad der „Mekong Islands".

Links unten:
Landgang: So leer wie hier auf dem Foto ist es selten im Wat Phou. Seitdem die Khmer-Stätte 2001 von der UNESCO als Weltkulturerbe gelistet wurde, interessiert sich auch der Rest der Welt für den Tempelkomplex.

Unten:
Was will der Fotograf mehr: Ein Fischer, der sich im Wasser spiegelt und dabei kunstvoll sein Netz wirft, und das alles in einer vom letzten Sonnenlicht gefärbten Szenerie. Klick!

So ein Fang macht jeden Fischer stolz und füllt die Haushaltskasse. Seitdem die Kambodschaner den Mekong wieder professionell abfischen, wandern weniger Fischschwärme flussaufwärts nach Laos. Da ist so ein kapitaler Bursche im Netz schon eine Seltenheit.

Netze flicken gehört zum Alltag in Si Phan Don. Damit die Netze nicht an der Wasseroberfläche treiben, werden an den unteren Maschen Bleikugeln befestigt. Was würde dazu wohl ein Zahnarzt sagen?

Wasserbüffel trifft man in Si Phan Don wie überall in Asien. Wegen ihrer Stärke und den weit auseinander gespreizten Hufen eignen sie sich besonders gut zum Pflügen der Nassreisfelder. Die Tiere werden gehegt und gepflegt wie Familienmitglieder.

In Afrika sind es Flusspferde, hier kreuzen Wasserbüffel den Weg. Es besteht allerdings keine Gefahr. Die Paarhufer flüchten lieber, als sich an einem Boot zu vergreifen.

Linke Seite:
Der Buddhismus bestimmt das tägliche Leben der Laoten. Bereits am frühen Morgen versorgen die Dorfbewohner ihre Mönche und Novizen mit Speisen, Obst und Kosmetik. Nach dem Motto: Wer Gutes im jetzigen Leben vollbringt, wird im nächsten Leben dafür belohnt. Derjenige, der Anderen Leid zufügt, kann als Hund, Katze oder Rindvieh wiedergeboren werden.

Nahe der kambodschanischen Grenze erschaffen die Wassermassen des Mekong eine einzigartige Flusslandschaft. Neben Wasserfällen und zahlreichen Miniinseln neigen sich viele Bäume in Strömungsrichtung des Flusses. Nur in der Trockenzeit zeigen sie sich in wahrer Größe, sonst ragen, wenn überhaupt, bloß ihre Baumkronen aus dem Wasser.

Mutprobe: Für diese Flussenge sollte der Bootsfahrer ausreichend Erfahrung mitbringen. Die gefährlichen Strudel und scharfkantigen Klippen kosteten hier schon so manchen Bootsbesitzer den Außenbordmotor.

Kambodscha – Eine Grenzerfahrung

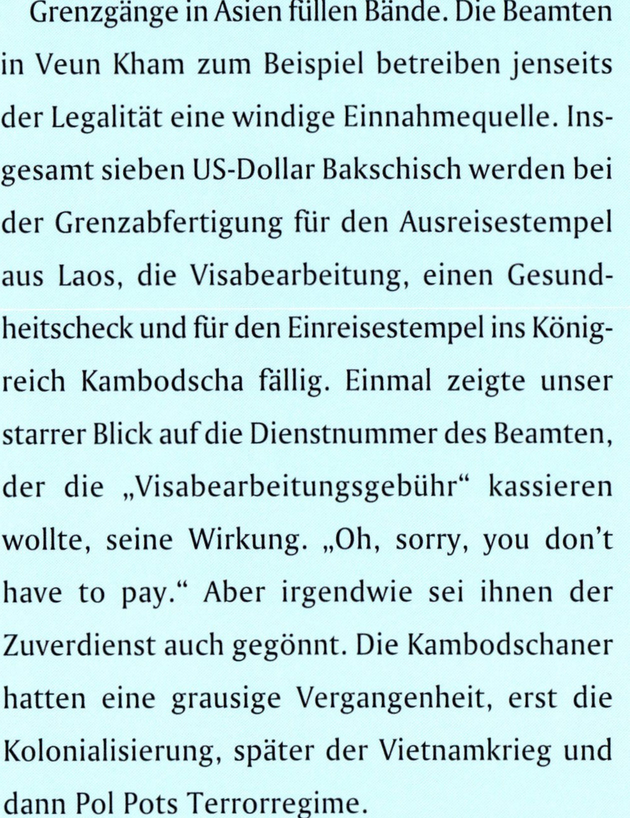

Grenzgänge in Asien füllen Bände. Die Beamten in Veun Kham zum Beispiel betreiben jenseits der Legalität eine windige Einnahmequelle. Insgesamt sieben US-Dollar Bakschisch werden bei der Grenzabfertigung für den Ausreisestempel aus Laos, die Visabearbeitung, einen Gesundheitscheck und für den Einreisestempel ins Königreich Kambodscha fällig. Einmal zeigte unser starrer Blick auf die Dienstnummer des Beamten, der die „Visabearbeitungsgebühr" kassieren wollte, seine Wirkung. „Oh, sorry, you don't have to pay." Aber irgendwie sei ihnen der Zuverdienst auch gegönnt. Die Kambodschaner hatten eine grausige Vergangenheit, erst die Kolonialisierung, später der Vietnamkrieg und dann Pol Pots Terrorregime.

Jetzt sind die Menschen wieder euphorisch, glücklicher, zufriedener. Erfolgsgeschichten wie die Seidenweberei „Mekong Blue" in Stung Treng oder Vong Metrys Apsara-Tanzschule in der Hauptstadt zeigen es. Oder das alte Angkor, dort tummeln sich jährlich über eine Million Besucher – Tendenz steigend. In Kampi dagegen ist es noch ländlich ruhig. Dort beobachten wir am frühen Morgen Irrawaddy-Delfine und im Dorf Skoun überreden uns drei Frauen, sie auf der Jagd nach Vogelspinnen zu begleiten – auch eine Grenzerfahrung!

Spean Kizuna heißt die erste Mekongbrücke in Kambodscha und wurde nach dreijähriger Bauzeit 2001 eröffnet. Die mit Geldmitteln aus Japan finanzierte Stahlbetonbrücke verbindet Kompong Cham mit den östlichen Provinzen. Aus der französischen Kolonialzeit stammt der rosafarbene Observationsturm.

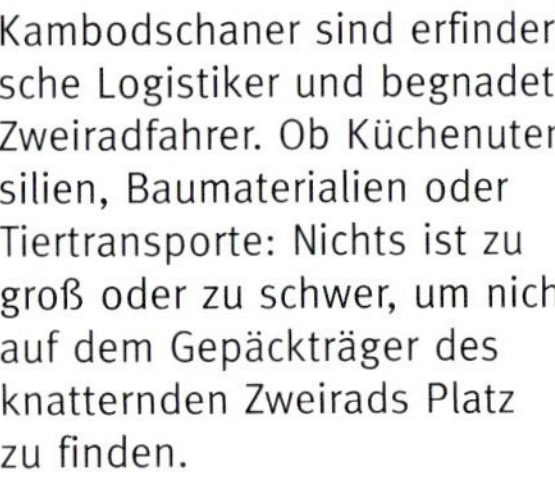

Kambodschaner sind erfinderische Logistiker und begnadete Zweiradfahrer. Ob Küchenutensilien, Baumaterialien oder Tiertransporte: Nichts ist zu groß oder zu schwer, um nicht auf dem Gepäckträger des knatternden Zweirads Platz zu finden.

Für eine Hochzeit kann es nicht teuer genug sein. Um seinen Gästen zu imponieren wird mal richtig die Sau rausgelassen, wenn sie nicht schon vorher am Spieß steckt.

Blumen finden überall in Kambodscha, wie auf dem Markt in Stung Treng, reißenden Absatz und erfreuen sich allgemeiner Beliebtheit. In der Zeit des Pol-Pot-Regimes war alles verboten was Freude bereitet, bunte Blumen gehörten dazu.

Ein Hoffnungsschimmer aus Seide

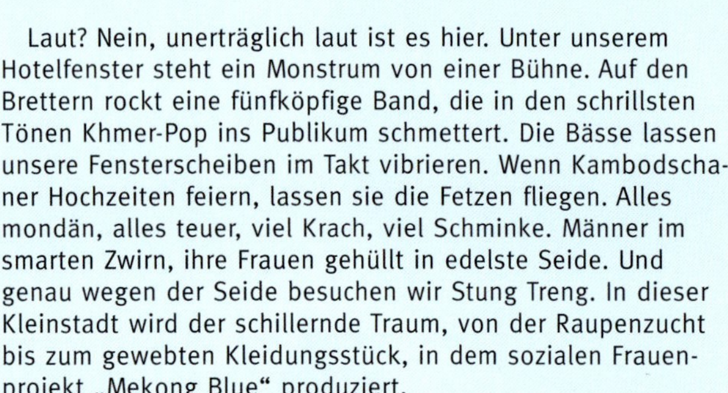

Rechts:
Frau Nguon Chantha, Gründerin des Frauenprojekts, eröffnete 2007 die Seidenboutique in Phnom Penh.

Laut? Nein, unerträglich laut ist es hier. Unter unserem Hotelfenster steht ein Monstrum von einer Bühne. Auf den Brettern rockt eine fünfköpfige Band, die in den schrillsten Tönen Khmer-Pop ins Publikum schmettert. Die Bässe lassen unsere Fensterscheiben im Takt vibrieren. Wenn Kambodschaner Hochzeiten feiern, lassen sie die Fetzen fliegen. Alles mondän, alles teuer, viel Krach, viel Schminke. Männer im smarten Zwirn, ihre Frauen gehüllt in edelste Seide. Und genau wegen der Seide besuchen wir Stung Treng. In dieser Kleinstadt wird der schillernde Traum, von der Raupenzucht bis zum gewebten Kleidungsstück, in dem sozialen Frauenprojekt „Mekong Blue“ produziert.

Der nächste Morgen ist angenehm ruhig. Unsere Gesichter sind zerknittert von der schlaflosen Nacht. Die Fahrräder sehen auch nicht besser aus. Zur Seidenmanufaktur radeln wir auf einem schmalen Asphaltband, immer entlang am Sekong-Fluss. Am Straßenrand spielen Kinder Flip-Flop-Billard, Frauen hängen Wäsche auf, ein Schwein wird für den Grill vorbereitet.

Oben:
Der Seidenspinner ist ein Schmetterling, der nach der Paarung winzige Eier legt. Nach 10 bis 12 Tagen schlüpfen Raupen, die 24 Tage nur Maulbeerblätter fressen und sich dann verpuppen. Nach weiteren 10 Tagen wird die Rohseide von den Kokons abgehaspelt.

Rechts:
Bei der Ikat-Technik spannt die Weberin die Seidenfäden auf einen Rahmen, bindet diese nach entsprechendem Muster eng zusammen. Im Anschluss erfolgt die Färbung, wobei die umwickelten Stellen keine Farbe abbekommen dürfen. Bei komplizierten Mustern wird der Vorgang mehrmals wiederholt.

Am Eingang empfängt uns Herr Chan, der Direktor der Seidenfabrik. Er scheint uns sofort den Schlafentzug anzusehen. „Hochzeit, oder?“, fragt er und wartet unsere Antwort erst gar nicht ab. „Die Kambodschaner feiern gern bis tief in die Nacht. Die Menschen haben hier nach der Erntesaison viel Zeit.“ Ein zufriedenes Lächeln breitet sich in seinem Gesicht aus und der 60-jährige Projektleiter fügt hinzu: „In dieser Zeit stehen unsere Webstühle kaum still. Es sei denn, dass die Seidenraupen mit der Produktion nicht hinterherkommen.“

Thean, Phat, Sreyneun, Nary und Sinuon sind fünf von 74 Weberinnen, die im Frauenzentrum eine neue Perspektive gefunden haben. Keine von ihnen konnte lesen, schreiben oder rechnen als Herr Chan sie hier in die Gemeinschaft mit aufnahm. Zuhause waren die jung verheirateten Frauen nur gut genug für Küchen- und Feldarbeit – und zum Kinder auf die Welt bringen. Herr Chan und seine Frau Nguon Chantha legen großen Wert auf die Ausbildung. Er erklärt, dass Lesen und Rechnen die Voraussetzungen sind, um später die Produkte selbstständig zu vermarkten. Doch an dem richtigen Marketing, dem Design und der Qualität scheitern viele in ihren Dörfern. Zudem ist in der Stung-Treng-Provinz kaum ein Absatz der hochwertigen Ware möglich. Frau Chantha eröffnete daraufhin in Phnom Penh, Eo-Straße 1, eine Seidenboutique. Von dort entscheidet sie, welche Muster gerade gut laufen, ob Grün, Gelb oder Rot der Renner ist – zudem ist in der Hauptstadt mehr Geld unter den Einwohnern und Touristen.

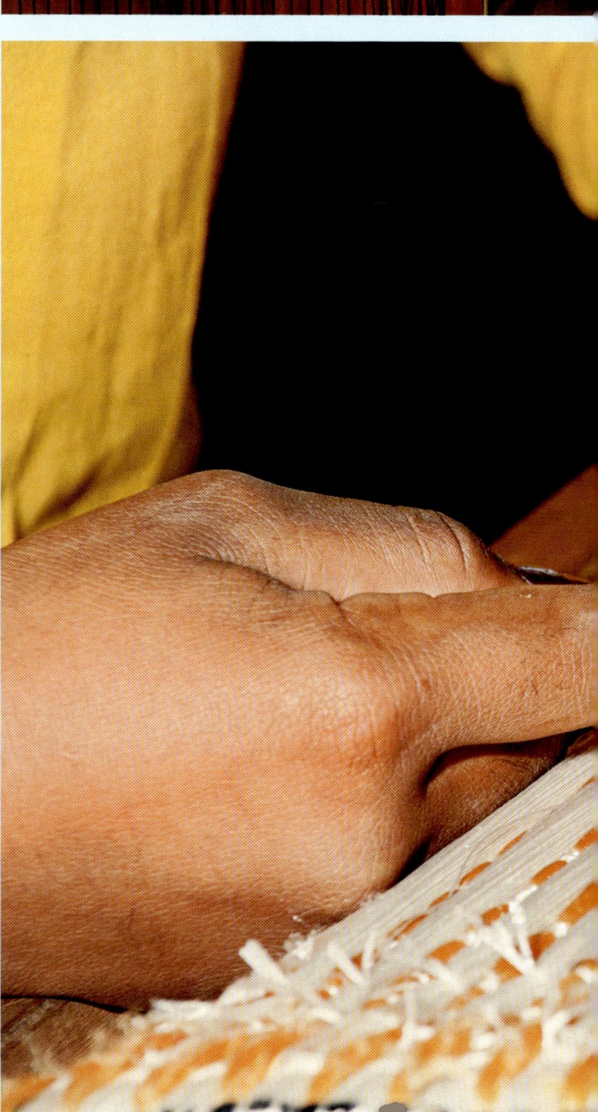

Projekt mit Zukunft

Damit sich die Frauen voll auf ihre Ausbildung konzentrieren können, gehört zum Projekt auch ein Kindergarten und eine Küche für die Pausenverpflegung. Was im Jahr 2002 mit sechs Frauen in einem kleinen Hinterhaus in Stung Treng begann, entwickelte sich in den letzten zehn Jahren zu einer Manufaktur mit der Größe eines mittelständischen Unternehmens. Welche Pläne Herr Chan für die Zukunft hat, möchten wir wissen. „Unser nächstes großes Projekt wird ein Waisenhaus für mindestens 30 Kinder sein", verrät er uns. „Die Jungen und Mädchen bekommen hier eine fundierte Schulausbildung, Unterkunft und medizinische Versorgung." Vielleicht die nächste Erfolgsstory in Kambodscha. 2004 und 2005 bekam das Frauencenter für ihre Arbeit eine Auszeichnung von der UNESCO.

Auf dem Rückweg nach Stung Treng radeln Kinder mit uns um die Wette, am Grill hängt nur noch das Skelett vom Schwein und vor unserem Hotel steht immer noch die Bühne. Na dann, gute Nacht!

Während der Arbeitszeit können die Kids der Weberinnen im projekteigenen Kindergarten herumtollen.

Eine Mitarbeiterin webt in einem Monat knapp 12 laufende Meter Seidenstoff mit einer Breite von 1,15 Metern. Alle Holzwebstühle werden von den Ehemännern der Weberinnen hergestellt und repariert. Das gehört zum Projekt, spart Kosten und verkürzt Ausfallzeiten.

Bei Naturseide, die von Hand gewebt wird, lassen sich kleine Webfehler wie Knoten nicht vermeiden. Mitarbeiterin Sopheap kontrolliert alle Seidenstoffe und bessert grobe Fehler aus.

Unten:
Nach der Reisernte ist in Kambodscha Zeit zum Heiraten. Begleitet von einer Musikkapelle zieht zuerst das Brautpaar mit gesamter Hochzeitsgesellschaft durch die Stadt. Für Fototermine, Trauung und Festessen wechseln Braut und Bräutigam mehrmals am Tag das Outfit, meist sind das farbenprächtige traditionelle Khmer-Trachten. Gutbetuchte Familien bewirten mehrere hundert Gäste und lassen am Abend Live-Bands spielen.

Rechts oben:
Das neu renovierte Wat Louk ist der ganze Stolz der klein Dorfgemeinde Saob. Hier wohnen elf Mönche und ach Novizen. Das Kloster ist nur mit einer Fähre von Kratie zu erreichen.

[Re]chts Mitte:
[Ein] Überbleibsel aus der [K]olonialzeit: französisches [Ba]guette. Frühmorgens auf [de]m Markt in Kratie sind die [Bro]te ofenfrisch und knusprig. [Die] Kambodschaner essen [die] Baguettes mit Pate, Wurst[sch]eifen und Kräutern, dazu [od]er eingelegtes Gemüse – [ein]e gute Alternative zur [Nu]delsuppe.

Rechts unten:
Zur Weiterverarbeitung der Tabakblätter hilft bei Familie Seng in Saob in der Provinz Kratie jeder mit. Auch wir versuchen den Tabak für die Trocknung vorzubereiten. Dafür werden jeweils 30 Blätter auf einen dünnen Bambusstab gefädelt und in den Trockenraum gehängt.

Versteckspiel mit den Irrawaddy-Delfinen

Rechts:
Bootsführer Vol arbeitet seit vier Jahren in Kampi.

Ein samtiger Morgenwind weht über den Mekong. Zeitweilig kräuselt sich unscheinbar das Wasser. Wir gleiten lautlos über den Fluss, nicht weit vom Ufer entfernt. „Das ist wirklich ein fantastischer Morgen“, flüstert uns Bootsfahrer Vol zu, „bisher keine anderen Touristen in Sicht, kaum Wind, sogar den Motor können wir auslassen.“ Es ist kurz nach sieben Uhr, die Sonne versteckt sich noch schüchtern hinter den Wolken, wir sitzen in Vols postgelbem Fischerboot mit der Nummer Zehn und unternehmen mit ihm eine Delfin-Safari – in Kampi soll es noch über zwanzig Irrawaddy-Delfine geben. Ein paar Wasservögel kreischen im Vorbeiflug, ansonsten herrscht hier Totenstille. Unsere Blicke und der Kamerasucher heften sich an die Wasseroberfläche. Wir warten. Dann ein Schnauben und gleich noch eins. Vol zeigt mit dem Finger in Richtung Ufer. Wir reißen unsere Köpfe herum, sehen eine glitzernde Fontäne aus Tausenden Wassertröpfchen im Gegenlicht aufsteigen und gleichzeitig drei halbrunde Rücken ins Wasser abtauchen. Die Kamera rattert kurz im Dauerfeuer, keine Zeit über Verschluss oder Blende nachzudenken. Diese Szene wiederholt sich in den nächsten Stunden etliche Male. Nie wissen wir, wo und wann die graublauen Flussbewohner wieder auftauchen. Mittlerweile prallt die Sonne auf das Bootsdach. Vol langweilt sich schon, er spielt mit seinem Handy und die Delfine scheinen sich einen Spaß daraus zu machen, uns in die Irre zu führen.

Unten:
In Kampi tummeln sich 20 Irrawaddy-Delfine in zwei Gruppen.

Gefahren für die scheuen Tiere

Dabei haben sie überhaupt nichts zu lachen. Die Zukunft der Irrawaddy-Delfine sieht alles andere als rosig aus. Ihre Population sinkt ständig. Giftige Abfälle der Goldminen und der Einsatz von Pestiziden in der Landwirtschaft verunreinigen den Lebensraum der Tiere. In Stellnetzen, die eigentlich für große Mekong-Fische in den tiefen Pools aufgestellt werden, verheddern sich auch Delfine, in denen sie ohne menschliche Hilfe innerhalb weniger Minuten jämmerlich ersticken. Die Netze wurden verboten, nachprüfen kann das keiner.

Der steigende Tourismus hat Vor- und Nachteile. Mit Bootsfahrten, Souvenirständen und Restaurants verdienen in Kampi die Fischer ihren Lebensunterhalt und müssen nicht mehr mit den Stellnetzen den Lebensraum der Delfine bedrohen. Aller-

Rechts:
Am späten Nachmittag kommen viele Tagesbesucher, um einen Blick auf die letzten Irrawaddy-Delfine zu erhaschen. Bei so vielen Booten verschwinden meist die Tiere in weiter abgelegene Pools.

dings sind Flussdelfine scheu und nicht so gesellig wie ihre Kollegen aus dem Meer. Der ständige Bootslärm und die Verfolgungsjagden machen die Tiere nervös und lassen sie für die Fortpflanzung nicht zur Ruhe kommen.

Vol arbeitet schon seit vier Jahren im Delfin-Business. Für jede Fahrt bekommt der 30-Jährige 15 000 Riel, umgerechnet knapp drei Euro, von der Kommune. Das Boot ist ein Geschenk seines Vaters, den neuen 13-PS-Honda-Motor kaufte er kürzlich auf Kredit. Meistens lässt er aber den Motor aus und rudert langsam den Delfinen entgegen oder wartet nur auf einem Pool mit seinen Gästen bis die Delfine am Boot vorbeischwimmen. „Es ist sinnlos. Fährst du den Tieren hinterher, tauchen sie ab und kommen an ganz anderer Stelle wieder an die Oberfläche." Vol erzählt auch, dass viele Besucher den Delfinen ständig folgen wollen. „Die Kambodschaner sind da am ungeduldigsten. Ich hatte sogar schon Langnasen im Boot, die wollten mit den Delfinen schwimmen."

Auf einem Plakat am Bootsanleger lesen wir eine wundersame Geschichte, die sich hier die Menschen über Delfine erzählen: Eine bettelarme Bäuerin wollte ihre Tochter mit einem riesigen Python verheiraten, weil sie annahm, die Würgeschlange sei ein göttliches Wesen. Sie hoffte auf unermessliche Reichtümer. Am Tag der Hochzeit fraß die Schlange das Mädchen. Ein Fischer rettete das Mädchen aus dem Bauch der Schlange. Angeekelt vor sich selbst, sprang sie in den Mekong. Kurz vor dem Ertrinken verwandelte der Mekong das Mädchen in eine wunderschöne Meerjungfrau, die sich von da an in der Gestalt eines Delfins zeigte und alle Fischer beschützt. Seitdem glauben die Dorfbewohner, dass Delfine ihre Verwandten sind.

Wir steigen auf unser Moped und fahren mit gemischten Gefühlen zurück ins fünfzehn Kilometer entfernte Kratie. Einerseits glücklich, den Irrawaddy-Delfinen so nah gewesen zu sein, andererseits betrübt, weil sie bald nur noch in den Erzählungen der Kambodschaner weiterleben werden, wenn ihnen nicht mit allen Mitteln geholfen wird.

Seite 96/97:
Kambodscha ohne Angkor ist wie Ägypten ohne Pyramiden. Die Khmer-Bauten halten jeden Besucher im Bann. Auf dem Bild der größte Tempel Angkor Wat mit dem 62 Meter hohen Lotusturm. Das imposante Bauwerk symbolisiert den Weltenberg Meru und diente als Wohnsitz der Götter. Heute haben ihn die Touristen eingenommen.

Im Flussabschnitt zwischen Kratie und der laotischen Grenze leben noch 80 Exemplare des Orcaella brevirostris oder Psaut, wie die Kambodschaner ihn nennen.

Verfolgen zwecklos! Wenn man ruhig wartet, tauchen die Tiere irgendwann in der Nähe des Bootes auf.

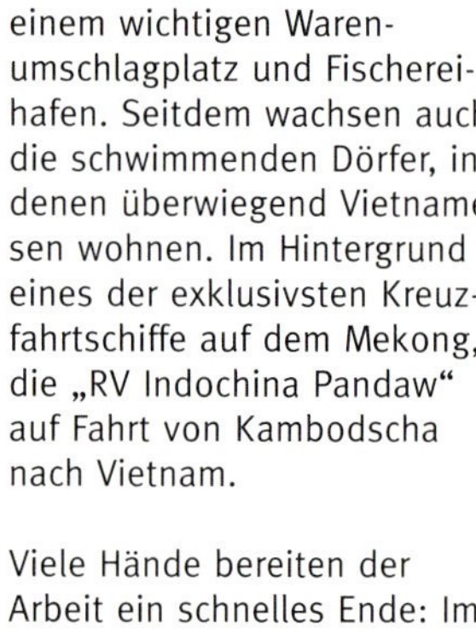

Kompong Chhnang entwickelte sich in den letzten Jahren zu einem wichtigen Warenumschlagplatz und Fischereihafen. Seitdem wachsen auch die schwimmenden Dörfer, in denen überwiegend Vietnamesen wohnen. Im Hintergrund eines der exklusivsten Kreuzfahrtschiffe auf dem Mekong, die „RV Indochina Pandaw“ auf Fahrt von Kambodscha nach Vietnam.

Viele Hände bereiten der Arbeit ein schnelles Ende: Im Hafen von Kompong Chhnang flicken die Fischer gemeinsam ihre Fangnetze. Über schlechte Fangquoten können sie sich nicht beklagen, der Tonle-Sap-Fluss ist eine gut gefüllte Speisekammer.

Oben:
Die Brücke führt nicht zur Erleuchtung, sondern auf die Insel Koh Pbain. Die 600 Meter lange Bambuskonstruktion trägt nicht nur Fußgänger. Motorräder, Pick-ups und Pferdewagen fahren den ganzen Tag von Kompong Cham auf die Insel und zurück.

Links:
Durch die sumpfige Flutebene des Tonle Sap entstehen überall Kanäle und Teiche. Kleine Ansiedlungen, die nicht mit dem Straßennetz verbunden sind, können so bequem per Boot erreicht werden.

Kambodschas achtbeiniger Snack

Rechts:
Spinnenjagd: Im Bambuswald entdeckt Shin das Erdloch einer schwarzen Vogelspinne. Seit 14 Jahren sucht, fängt und verkauft sie frittierte Vogelspinnen am Busstop in Skoun vor dem „Rom Duol Restaurant 88".

Akribisch sucht Shin im Laubwald den sandigen Erdboden ab. Vorsichtig wendet die 33-Jährige vertrocknete Blätter, nestelt mit einem fingerdicken Stock in Grasbüscheln umher und schiebt dünne Zweige beiseite. Es dauert nicht lange, und sie findet ein unscheinbares Loch in der ausgetrockneten Erde, kaum größer als eine Euromünze. Das feine Spinnennetz am Eingang verrät den Bewohner der Erdhöhle: eine Vogelspinne – Kambodschas bizarrste Delikatesse.

In Asien ist es nicht ungewöhnlich, dass Maden, Käfer und andere Krabbelviecher in den Kochtopf wandern, alles was sich bewegt scheint zu schmecken. Aber Vogelspinnen? Für Zartbesaitete oder Gourmets wird der Ort Skoun nie auf dem Reiseplan stehen. Wir jedenfalls haben uns in dem Provinznest mit Shin, Win und Shouk verabredet und gehen mit ihnen die schwarzen Riesenspinnen fangen. Zugegeben, ganz wohl ist uns bei der Sache auch nicht. Ob die drei Frauen keine Angst vor den Tieren haben wollen wir wissen. „Nein, niemals!", verrät uns Shouk. „Meine Mutter hat mir schon als Kind gezeigt, wie ich die Spinne halten muss, um die beiden Giftzähne zu entfernen." Normalerweise sind Vogelspinnen defensiv veranlagt und verkriechen sich bei Gefahr tiefer in ihre Höhle oder fliehen. Werden sie zu sehr in die Enge getrieben, beißen sie schon mal zu. „Es schmerzt ungemein und die Stelle schwillt an, aber tödlich ist der Biss nicht", weiß Shouk aus eigener Erfahrung. Vor drei Wochen war sie einen kurzen Moment unaufmerksam und bekam das sofort zu spüren. „Wenn die Zähne erst einmal herausgebrochen sind, ist die Spinne ungefährlich." Wir sollen uns aber keine Sorgen machen. Eine knappe Stunde später krabbeln 25 handtellergroße Vogelspinnen im weißen Plastikeimer. Spätestens jetzt sollten Arachnologen und Spinnenliebhaber weiterblättern! Denn nun landen die Achtbeiner im Wok. Ein kurzer Druck mit dem Daumen auf die Oberkörper der Spinnen, schon liegen sie bewegungslos da. Win zeigt uns ihr Rezept für die Zubereitung. „Nach dem Waschen wälze ich die Tiere in Zucker, Salz und Knorr", erklärt sie. „Dann frittiere ich sie fünfzehn Minuten in heißem Öl und verfeinere die krossen Leckerbissen noch mit hauchdünnen Knoblauchscheiben, so lieben es meine Kunden."

Unten:
Der Arbeit einer Spinnenjägerin kann nur nachgehen, wer keine Angst vor den flinken Tieren hat.

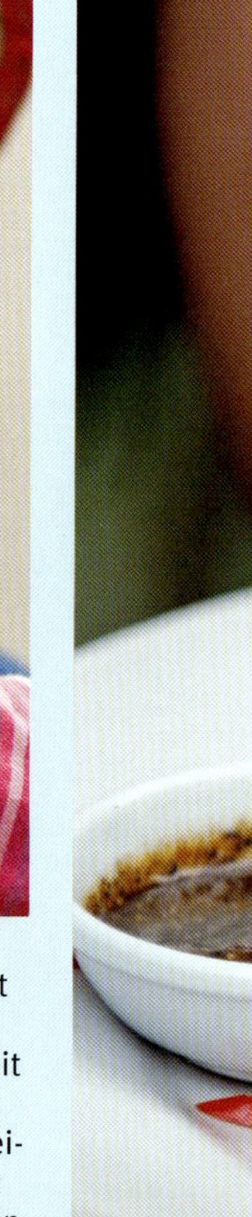

Rechts:
Geschmacksache: So sehen zubereitete Spinnen in einem Restaurant in Phnom Penh für umgerechnet drei Euro aus. Die Lemon-Pfeffer-Sauce macht's erträglicher!

Kostprobe: Schwer zu sagen, warum Kambodschaner so verrückt nach diesen fettigen Krabblern sind. Einmal probieren reicht uns!

Trendfood Vogelspinne

Vogelspinnen waren zwischen 1975 und 1979 während der Schreckensherrschaft der Roten Khmer ein unverzichtbarer Bestandteil auf dem Speiseplan der hungernden Bevölkerung. In den letzten Jahren avancierten die frittierten Achtbeiner vom Survivalfood sogar zum erlesenen Trendsnack. In Phnom Penh stehen die Spinnen schon in einigen Restaurants auf der Speisekarte – drei Spinnen serviert mit grünen Tomaten und einem Lemon-Pfeffer-Dip für drei Euro.

Shin, Win und Shouk verkaufen ihre selbstgefangenen Spinnen jeden Tag ab acht Uhr morgens am Busstop Rom Duol, zwei Kilometer von Skoun entfernt. Eine Spinne kostet 500 Riel (acht Eurocent), Riesenexemplare können bis zu zwanzig Eurocent einbringen. Brandrodung und Abholzung bedrohen den Lebensraum der Vogelspinnen in der Umgebung von Skoun immens. Die Spinnenjägerinnen fangen daher immer weniger Tiere. In der Nachbarprovinz Kompong Thom züchten schon geschäftstüchtige Kambodschaner Vogelspinnen, aber die können sich die drei Frauen nicht leisten, weil sie keinen Gewinn mehr abwerfen würden. „Die Tiere sind im Einkauf zu teuer und schmecken nicht so lecker wie der Wildfang“, weiß Shin. „Außerdem ist an den Tieren kaum was dran.“

Ja, und wie schmecken die Dinger nun eigentlich? Natürlich haben wir sie gekostet. Irgendwie war es eine Mischung aus Kartoffelchips, Salzstangen und Ölsardinen. Und ganz ehrlich, eine Spinne hat völlig gereicht.

Ölig und kross: Die Spinnen brutzeln in einem Liter Öl bis Beine und Körper knusprig sind.

Unten:
Der Psar Thmei, eher bekannt als Zentralmarkt, bekam 2011 innen und außen einen frischen Anstrich. Im Jahr 1936, während der französischen Kolonialzeit, erbaut, ist der Markt noch heute ein Wahrzeichen der Hauptstadt Phnom Penh. Hier findet man alles was Kambodscha zu bieten hat: Schmuck, Edelsteine und Uhren im Kuppelbereich, Bekleidung, Schuhe, Taschen, Haushalts- und Schreibwaren, Spielzeug sowie Souvenirs in den vier Gebäudearmen. Lebensmittel bieten die Marktfrauen im Außenbereich an.

Rechts oben:
Das illuminierte Denkmal in Phnom Penh erinnert an die 1953 erlangte Unabhängigke von der französischen Kolonialmacht und ist zuden Ehrenmal der Kriegstoten. D kambodschanische Architekt Vann Molyvann entwarf das im Khmer-Stil 1958 errichtet Monument.

hts Mitte:
st nicht alles Gold was
ızt: Der Ankauf von
lmetall setzt ein geschultes
ge und Fachwissen voraus.

Rechts unten:
Der prachtvolle Königspalast grenzt an den drei Kilometer langen Sisowath Quay. Am Abend, wenn die Schwüle des Tages nachlässt, füllen sich die Bürgersteige mit Snackverkäufern, Wahrsagern, Hundebesitzern, Bettlern und Spaziergängern. Empfehlenswert: eine Sunset-Bootstour auf dem Tonle-Sap-Fluss.

Vietnam – Früh aufstehen am „Neun-Drachen-Fluss“

Wer das quirlige Leben im Mekong-Delta hautnah spüren möchte, sollte unbedingt Frühaufsteher sein. Fächertanz, Tai Chi und Säbelrasseln beginnen auf den Promenaden schon im Morgengrauen. Die schwimmenden Märkte in Chau Doc, Cai Rang oder Cai Be starten ebenfalls vor Sonnenaufgang und enden zum vietnamesischen Frühstück. Selbst der „Ca Phe Sua Naum“, heißer Kaffee mit Milch, schmeckt in den frühen Morgenstunden am besten. Lohnenswert ist der Besuch einer der 300 schwimmenden Fischfarmen auf dem Bassac-Fluss. Hier sieht man nicht nur Fische unter dem Wohnzimmer, sondern bekommt auch einen Einblick in das tägliche Leben auf wankenden Planken. Überwältigt wird der Reisende im Delta vom üppigen Grün der Reisfelder und Mangrovenwälder. Die schmalen Kanäle auf der Insel Thoi Son gegenüber der Kleinstadt My Tho, wo knapp zwei Paddelboote nebeneinander Platz haben, laden für ausgedehnte Bootstouren zwischen Wäldern von Nipapalmen ein. Frau Huong, Hien, Lan und Yen, und wie sie sonst noch so heißen, warten hier immer auf zahlende Gäste. Auffallend im Delta sind die schwarz-weißen Augenpaare am Bug der meisten Schiffe, die vor bösen Geistern schützen sollen. Wie die Sampans gebaut werden, erklärt uns Herr Tung von der Schiffswerft „Phuoc Loi“ in Tam Thanh.

Im Mekong-Delta spielt sich ein Teil des Lebens auf dem Wasser ab. In jeder größeren Stadt handeln die Vietnamesen vom Boot aus. So hat jeder schwimmende Markt seine Eigenheiten entwickelt. An den Motorbooten in Chau Doc baumelt die angebotene Ware an einem langen Bambusstab in luftiger Höhe, in Phong Dien wird nur von Ruderbooten gehandelt.

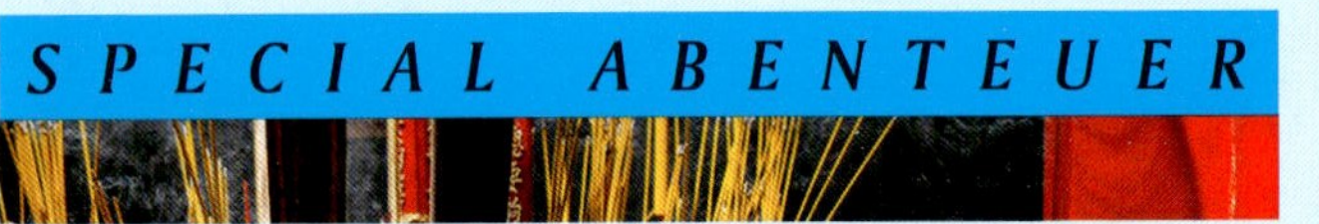

Mit dem Cyclo durch Saigon

Rechts:
Die Quan-Am-Pagode in der Chinatown Cholon wurde 1816 von chinesischen Kaufleuten gegründet und befindet sich in der Lao-Tu-Straße. Der im chinesischen Stil erbaute und reich verzierte Tempel ist Quan Am, Göttin der Barmherzigkeit, gewidmet.

Es war purer Zufall, dass Thanh jetzt Cyclofahrer ist. Vor zehn Jahren vertrat er seinen Freund Thien kurz bei einem Job. Ein Tourist wollte mit dem Cyclo vom Postamt zum Rathaus. Für fünf Minuten strampeln bekam Thanh zwei Dollar. Dafür muss er sonst den ganzen Tag mit dem Bauchladen Zigaretten verkaufen. Er beschloss, den Bauchladen an den Nagel zu hängen, ein Cyclo zu mieten und Touristen durch Saigon zu kutschieren.

Kein Zufall ist, dass ich Thanh vor unserem Hotel treffe. Hier wartet er immer auf Kundschaft. Als Thanh mich sieht, zückt er sofort eine Liste mit allen Sehenswürdigkeiten seiner Stadt. Mit einem einstudierten Redeschwall versucht er seine City-Tour zu verkaufen. „Es dauert ja nicht lange und kostet kein Vermögen", verspricht er mit charmantem Lächeln. „Sechs Dollar pro Stunde inklusive aller Tourinformationen."

Auf dem Fahrradtaxi durchs Verkehrschaos

Warum nicht? Wir tauchen ins Großstadtgewühl ein. Geschickt manövriert Thanh das Cyclo durch den chaotischen Verkehr. Ampeln zählen als überflüssige Straßenaccessoires. Manchmal ziehe ich instinktiv die Beine ein. Ich sitze auf Kühlergrillhöhe, allen Gefahren schonungslos ausgesetzt. Auf der Dai Lo Tran Hung Dao, der vierspurigen Rennpiste für alles, was Räder hat, geht es zuerst nach Cholon. In den verwinkelten Gassen des chinesischen Viertels, früher die Opiumhöhle Asiens, ist die Luft heute vom Duft traditioneller Medizin, glimmender Räucherstäbchen und brutzelnder Garküchen geschwängert. Vormittags herrscht Hochbetrieb in der Thien-Hau-Pagode, dem sakralen Zentrum der Chinesen. Die Spendenfreudigkeit der Pilger kennt kaum Grenzen. Von der kontemplativen Verehrung zeugen unzählige Räucherspiralen, die wochenlang an der mit schwarzem Ruß überzogenen Tempeldecke glimmen. Gebackene Spanferkel liegen auf den Opfertischen, Küchlein mit Glücksformeln und Lotusblüten türmen sich vor der Göttin der Seefahrer.

Zurück in Saigons pulsierende Innenstadt. Die Zwillingstürme der Kathedrale Notre Dame bestimmten ewig die Skyline der Stadt. Heute wirken sie im Schatten der gläsernen Shoppingcenter wie Miniaturausgaben. Die Gebetshalle haucht mir die

Unten:
Sammelobjekte für Philatelisten. Reiseleiter erzählen gern ihren Gästen, dass im alten Postamt abgestempelte Postkarten ständig im Wert steigen – zur Freude der Souvenirhändler. Revolutionsführer Ho Chi Minh sieht das gelassen.

Rechts:
Besonders an Wochenenden ist die Luft der Thien-Hau-Pagode vom Duft glimmender Räucherstäbchen geschwängert. Kantonesische Einwanderer bauten diesen Tempel für die Göttin Thien Hau, Beschützerin der Seefahrer.

angenehme Kühle eines Gotteshauses entgegen. Thanh wartet mit dem Cyclo im Schatten der Kapokbäume und schickt mich gleich ins vis-à-vis gelegene Hauptpostamt. In dieser architektonischen Perle begrüßt Ho Chi Minh den Besucher mit einem sanften Lächeln. Sein Konterfei hängt in der gewölbten Schalterhalle über den Köpfen der Angestellten. Die zeitlose Eleganz der Kuppel, von Gustave Eiffel aus Stahl und Glas entworfen, ist ebenso transparent wie sein Turm in Paris.

Weiter geht's zum protzigen Wiedervereinigungspalast. Ein Betonbau in einer gepflegten Gartenanlage, der genauso gut in Berlin-Mitte stehen könnte – gesichtslos, rechteckig und unnahbar. Im Jahr 1966 als Unabhängigkeitspalast eingeweiht, wurde er neun Jahre später nach dem Fall Südvietnams von der kommunistischen Regierung in Wiedervereinigungspalast umbenannt. Thanh tritt kräftig in die Pedalen. Vorbei am legendären Hotel Continental, bekannt durch die Verfilmung von Graham Greenes Roman „Der stille Amerikaner", weiter zum renovierten Stadttheater und dann zum „Hôtel de Ville", dem ehemaligen Rathaus.

Saigon ist die westlichste Stadt in Vietnam. Plateauschuhe, nabelfreie T-Shirts, der elegante Ao Dai und frisch gegelte Haare haben den Reishut und die Einheitstracht abgelöst. Das moderne Leben spielt hinter den Fassaden der beliebten Shoppingmeile Duong Dong Khoi. Designerläden, Schmucktempel, Gourmetrestaurants, Edelboutiquen und Elektronik vom Feinsten. In Saigon wird das meiste Geld verdient und wieder ausgegeben.

Für Thanh undenkbar, in der Flaniermeile einzukaufen. Die Monatsmiete für sein Cyclo kostet umgerechnet zehn Euro. „Irgendwann kaufe ich mir mein eigenes Fahrradtaxi", ist sich Thanh sicher. „Dann bin ich von dem Vermieter unabhängig." Viel Zeit bleibt ihm nicht mehr. Auch hier verschwinden die Cyclos, wie in vielen asiatischen Metropolen, langsam aus dem Stadtbild. Mopedschwärme verstopfen jetzt die Straßen, verdrängen das Sinnbild der asiatischen Gelassenheit und damit die Einnahmequelle für Thanh und seine Kollegen.

Seite 106/107:
Ho-Chi-Minh-Stadt wächst zur Mega-City. Wo vor wenigen Jahren noch Brachland war, schießen Bürotürme, Wohnblocks und Glaspaläste in die Höhe. Noch befindet sich der Hauptteil der Metropole am Westufer des Saigon-Flusses. Doch am Ostufer leisteten die Abrissbagger volle Arbeit, dort wird das moderne Saigon, wie die meisten Bewohner wieder ihre Stadt nennen, entstehen.

Cyclofahrer Thanh manövriert Einheimische und Touristen sicher durch das Verkehrschaos.

Nie stehenbleiben! Wer bei diesem Verkehr die Straße unbeschadet überqueren möchte, der sollte seine Laufgeschwindigkeit beibehalten. Vietnamesische Mopedfahrer schauen voraus und weichen dem Fußgänger aus.

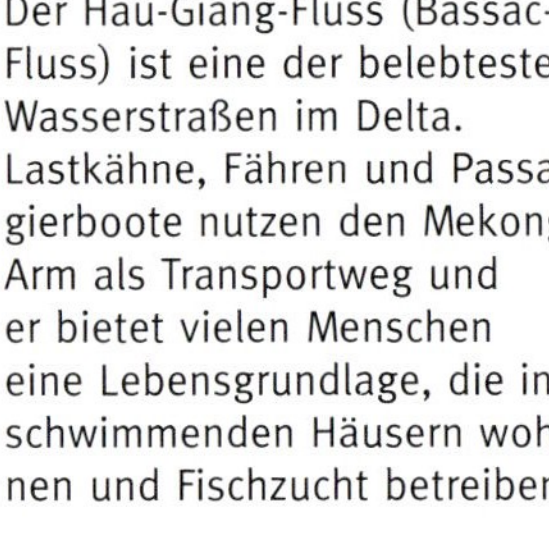

Der Hau-Giang-Fluss (Bassac-Fluss) ist eine der belebtesten Wasserstraßen im Delta. Lastkähne, Fähren und Passagierboote nutzen den Mekong-Arm als Transportweg und er bietet vielen Menschen eine Lebensgrundlage, die in schwimmenden Häusern wohnen und Fischzucht betreiben.

Leben auf kleinstem Raum, Privatsphäre gleich Null. In den schwimmenden Häusern spielt sich das Leben meist im Freien ab. Jeder weiß von Jedem, was gerade gekocht wird, welche Doku-Soap im Fernseher läuft und hört, wenn der Haussegen schief hängt.

Vietnamesen lieben als Nachspeise süße Bananen in Reispapier. Diese Händler auf dem schwimmenden Markt müssen sich garantiert keine Sorgen wegen Absatzschwierigkeiten machen.

Im Mekong-Delta herrschen gleichbleibende Temperaturen, die Erde ist fruchtbar, das Wasser wird nie knapp. Beste Voraussetzungen für ertragreiche Ernten. Neben Bananen wachsen in den tropischen Gärten auch Durian, Rosenäpfel, Pomelos, Mangosteen und Longan. Die Namen der Früchte klingen nicht nur exotisch, sie schmecken auch so.

FISCHZUCHT UNTER DEM WOHNZIMMER

Rechts:
Nguyens züchten fast nur den umsatzstarken Pangasius. Da er keine Schuppen und kaum Gräten besitzt, das Fleisch einen neutralen Geschmack und keine Farbe hat, bevorzugt ihn die Industrie für die Weiterverarbeitung, zum Beispiel für Fischstäbchen.

Unten:
Je nach Bauart und Größe des schwimmenden Hauses hängt der Fischkäfig bis in einer Tiefe von vier Metern.

Auf dem Fischmarkt in Chau Doc ist die Hölle los. Aufgeregte Marktfrauen sitzen eng gedrängt auf Minihockern und schreien sich die Kehle aus dem Leib. Feilschen, Fuchteln und Lachen gehören in Vietnam zum Geschäft. Der Boden ist glitschig, überall zappelt und plätschert es, die feuchtwarme Luft steht wie eine undurchsichtige Mauer zwischen den Ständen. Nirgendwo sind Fisch und Meeresfrüchte so frisch wie in Chau Doc. Auf dem Bassac-Fluss, gleich hinter dem quirligen Morgenmarkt, züchten vietnamesische Familien in schwimmenden Häusern den Pangasius und Karpfen direkt unter dem Wohnzimmer. Wir besuchen den Familienbetrieb der Nguyens, die seit zwölf Jahren eine kleine Farm betreiben. Ihr schwimmendes Heim liegt nur fünf Bootsminuten vom Hafen entfernt, in einer der ruhigen Nebenadern des Flusses. Herr Nguyen knetet matschiges Fischfutter, seine Frau Nga bedient eine Art Fleischwolf, der gerade den dunkelbraunen Brei aus Fischmehl, Reisspreu und Wasserhyazinthen ausspuckt. Jeden Vormittag um neun Uhr ist Fütterungszeit. Ihr schaukelndes Reich ist auf leeren Benzinfässern gebaut. Der Drahtkäfig unter dem Ponton, in dem sich 40 000 Fische tummeln, hängt vier Meter ins Wasser. Durch eine zentrale Luke im Wohnzimmer füttern sie die Fische einmal am Tag und können ständig den Schwarm kontrollieren.

Herr Nguyen, seine Frau und ihre drei Kinder leben nicht schlecht von der Fischzucht, erfahren wir. „Seitdem der Pangasius auf dem Weltmarkt immer mehr gefragt ist, schläft auch die Konkurrenz nicht. Einige Investoren unterhalten Farmen mit mehreren Millionen Fischen“, weiß der 46-jährige Fischer. „Dagegen ist unser Unternehmen ein Zwerg.“ Im Jahr 2009 erhielten die Nguyens für ein Kilo Lebendgewicht knapp 19 000 Vietnamesische Dong, umgerechnet 70 Eurocent, jetzt, drei Jahre später klingelt etwas über ein Euro in der Familienkasse. Aber bis es soweit ist, muss sich der Pangasius in sieben Monaten ein Gewicht von ein bis anderthalb Kilogramm anfressen.

Rechts:
Zum Abfischen taucht ein Helfer im Käfig ab, um die Fische ins Netz zu treiben.

Ein paar Wasserstraßen weiter schaukelt das graublaue Holzhaus der Familie Hanh, als fegte ein Orkan durch das offene Wohnzimmer. Hier haben die Fische ihr Verkaufsgewicht erreicht. 28 Helfer fischen gleichzeitig zwei Käfige unter dem Haus ab. Die Knochenarbeit muss schnell erledigt werden.

Die Männer schultern Körbe mit 100 Kilo Lebendfisch, bringen sie ins Transportschiff „Phuoc Hong Trang 2“, das unter Deck einen riesigen Wassertank hat. Die lebende Fracht soll so schnell wie möglich nach Ho-Chi-Minh-Stadt und dort verkauft werden.

Lebensunterhalt für zahlreiche Familien

Wie die Nguyens und Hanhs leben über 300 Familien von der Fischzucht unter dem Wohnzimmer. Die großen Fischereibetriebe machen es ihnen schwer. In offenen Netzgehegen betreiben sie die Massenproduktion des Pangasius. Um die weltweite Nachfrage zu befriedigen, züchten sie auf immer kleinerem Raum immer mehr Fische. Futterreste und Antibiotika fließen ungefiltert in den Mekong, kippen damit – nach einer Studie der Umweltorganisation WWF – das ökologische Gleichgewicht und verseuchen so das Wasser für die kleinen Familienbetriebe.

Knochenarbeit. Aus der schmalen Bodenöffnung wuchten die Männer 100 Kilo Lebendgewicht nach oben.

Mit ihren 40 000 Fischen betreibt Familie Nguyen ein Kleinunternehmen.

Herr Nguyen und seine Frau kontrollieren mehrmals am Tag, ob ein toter oder kranker Fisch im Gehege schwimmt, der die anderen anstecken könnte.

Solche Prachtexemplare leben nicht im Mekong, sondern im Meer. Diese Tintenfische jedoch kommen aus Aquakulturen. Fischliebhaber finden im Mekong-Delta auf jedem Markt frischen Fisch. Einige Restaurants bieten sogar gegen eine geringe Gebühr die Zubereitung von selbstgekauften Fischen an.

Ein besonderer Leckerbissen zum Bier oder einem Glas Wein: getrockneter Tintenfisch mit einer milden Chili-Sauce zum Dippen.

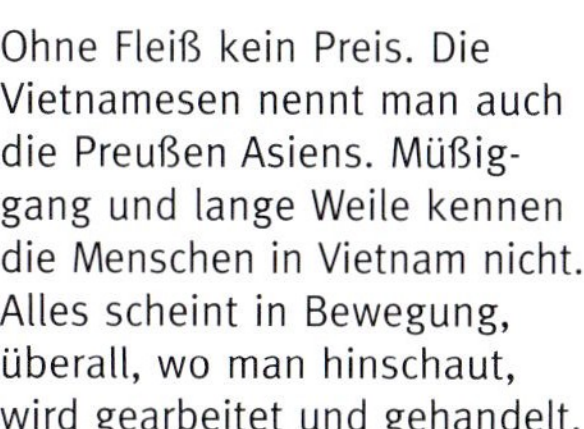

Ohne Fleiß kein Preis. Die Vietnamesen nennt man auch die Preußen Asiens. Müßiggang und lange Weile kennen die Menschen in Vietnam nicht. Alles scheint in Bewegung, überall, wo man hinschaut, wird gearbeitet und gehandelt.

Schwimmende Tante-Emma-Läden versorgen die Bootsfamilien und Bewohner der schwimmenden Häuser mit den Dingen des täglichen Bedarfs. Die „Fliegenden Händler“ finden ihre Berechtigung und behaupten sich gegen die wachsende Anzahl der Supermärkte auf dem Festland. Ganz Pfiffige bieten zu ihren Waren auch frischgebrühten Kaffee und Nudelsuppen an.

Seite 116/117:
An der Uferstraße Hai Ba Trung im Hafenstädtchen Can Tho fällt die zwischen modernen Gebäuden eingezwängte, bunt verzierte Ong-Pagode kaum auf. Chua Ong, so der vietnamesische Name, wurde einschließlich Versammlungshalle Kuang Tsao von den Chinesen von 1894 bis 1896 erbaut. Verehrt wird die Gottheit Kuang Kung, die Gerechtigkeit, Höflichkeit, Intelligenz, Tugendhaftigkeit, Treue und Tapferkeit symbolisiert.

誠須知外地經商實由托庇帡幪寶座恩施春意足

Im 18. Jahrhundert war das Mekong-Delta eines der dünnst besiedelten Gebiete in Indochina, weil die sumpfigen Ebenen ideale Bedingungen für die Verbreitung von Malaria und anderen Krankheiten boten. Heute ist das verzweigte Kanalsystem ein Segen für die Menschen – reichliche Ernten, viel Fisch und kurze Transportwege.

Von Vinh Long pendeln ständig Fähren über den Co-Cien-Fluss zur Insel An Binh. Viele Wege sind teilweise so schmal, dass dort die Insulaner maximal ein Zweirad nutzen können. Ob die Enten dafür Verständnis haben?

Alles nach Maß in mühevoller Handarbeit: Nur noch wenige Firmen bauen im Mekong-Delta Holzboote in kompletter Eigenregie. Die Firma „Phuoc Loi“ in der Nähe von Vinh Long kann auf eine langjährige Tradition verweisen, seit mehreren Generationen ist die Werft im Privatbesitz. Das rot-weiße Augenpaar am Bug hat Symbolcharakter. Vietnamesen glauben an Wasserungeheuer. Die Augen sollen das Böse fernhalten und für eine sichere Schifffahrt sorgen.

Eine Oase zum Entspannen: Die buddhistische Vinh-Trang-Pagode in My Tho liegt in einem Garten voller Blumen. Erbaut 1849, besitzt der prachtvoll gestaltete Tempel eine imposante Sammlung von Buddha-Statuen.

Der sitzende Maitreya, Buddha der Zukunft genannt, hat den langen vietnamesischen Namen „Nam Mo Duong Lai Di Lac Ton Phat“.

Rechte Seite:
Auf der Einhorninsel (Con Thoi Son) nahe der Stadt My Tho werden anscheinend die Frauen schon mit dem Ruder in der Hand geboren. In den wackligen Holzbooten fegen sie durch die schmalen Kanäle ohne sich gegenseitig zu behindern.

Nützliche Informationen

Einreise
Für die Reise in alle Mekong-Länder ist ein mindestens sechs Monate gültiger Reisepass erforderlich. Bei der zuständigen Botschaft für jedes Land bekommt man ein Visum. Das China- und Vietnam-Visum sollte vor Reisebeginn im Pass sein. Das spart Zeit. Oder man beantragt dies vor Einreise im Nachbarland. Wer mit dem Flugzeug in Thailand einreist, bekommt eine 30-tägige Aufenthaltserlaubnis, über Land nur 15 Tage. In Laos und Kambodscha gibt es das „Visa on Arrival" an fast allen Flughäfen und Grenzübergängen. Passbilder nicht vergessen! Touristenvisa können in allen Ländern, meist in der Hauptstadt, verlängert werden.

Reisezeit
Die Mekong-Region kann generell ganzjährig bereist werden. Alle Länder außer Mittel- und Nord-Yunnan in China liegen in der tropischen Klimazone mit Temperaturen von 22 bis 35 Grad und hoher Luftfeuchte. Hauptsaison sind die Monate November bis März, in denen kaum Niederschlag fällt. Ins nördliche Yunnan sollte man im Frühjahr oder Herbst reisen, da der Winter Frost und Schnee bringt. Oder genug warme Sachen mitnehmen.
Für Thailand, Laos und Kambodscha ist die beste Reisezeit für eine Schiffsreise auf dem Mekong Ende Oktober bis Januar. Kurz nach der Regenzeit führt der Mekong genügend Wasser und die üppige Vegetation hält sattes Grün bereit.
Das Mekong-Delta in Vietnam sollte man besser in der Regenzeit von Mai bis November meiden. Es kommt oft zu Überschwemmungen und die Temperaturen klettern über 33 Grad.

Gesundheit
Empfehlenswert ist der Impfschutz gegen Tetanus, Diphtherie, Polio und Hepatitis A. Wer sich viel in ländlichen Gegenden aufhält, dem sind Impfungen gegen Tollwut und Japanische Enzephalitis anzuraten. Malariarisiko besteht besonders in de Regenzeit und während der Dämmerung. Helle lange Kleidung tragen, Insektenschutzmittel auftragen und gegebenenfalls unter einem Moskitonetz schlafen. Kein Risiko besteht in Gro städten und Höhenlagen ab 1500 Metern. Mit Malariaprophyla vor der Reise beginnen oder bei Langzeitaufenthalt ein Stand By-Medikament für den Notfall mitnehmen. Rechtzeitig vor Reiseantritt einen Tropenarzt konsultieren. Reiseapotheke nic vergessen! Ein Vorteil ist eine Auslandskrankenversicherung m Rückholtransport. Tipps für Reisemedizin: www.fit-for-travel.d oder www.reisevorsorge.de

Sicherheit
Die Mekong-Anrainerstaaten gelten als sichere Reiseländer, auch für allein reisende Frauen. In Touristenhochburgen und bei Dunkelheit sollte man ein wachsames Auge auf sein Hand gepäck haben. Taschendiebstähle kommen vor, Raub oder körperliche Gewalt sind eher selten. Den Goldschmuck und Wertsachen zu Hause oder im Hotelsafe lassen. Fotokopien vo Visum, Pass, Flugtickets und Impfausweis sind hilfreich, sollte aber getrennt von den Originalen aufbewahrt werden. Aktuelle Infos: www.auswaertiges-amt.de

Geld
Wer auf der sicheren Seite sein möchte, nimmt eine Kreditkar oder Reiseschecks mit. Bargeld erhält man in Banken, an Wechselschaltern oder an Geldautomaten in allen Städten un Touristenzentren. Vorheriger Kauf ausländischer Währung lohn meist nicht. In Yunnan kann man nur bei der Bank of China oder in größeren Hotels Geld wechseln. Etwas Bargeld in Euro und US-Dollar je nach Reisedauer mitnehmen, da einige Hotel in Kambodscha, Laos und Vietnam noch US-Dollar verlangen. Kleine Geldscheine z.B. für Trinkgeld sind immer praktisch. Reisende, die in abgelegene Gebiete fahren, sollten sich vorh mit genügend Bargeld eindecken.
Landeswährungen für die Mekong-Länder (Stand August 2012)
China: Renminbi Yuan (CNY), 1 Euro = 7,83 CNY
Thailand: Thailändischer Baht (THB), 1 Euro = 39,01 THB
Laos: Laotischer Kip (LAK), 1 Euro = 10 119 LAK
Kambodscha: Kambodschanischer Riel (KHR), 1 Euro = 5 128 KH
Vietnam: Vietnamesischer Dong (VND), 1 Euro = 26 064 VND
Aktuelle Wechselkurse und Tipps zur Reisekasse:
www.bankenverband.de oder www.oanda.com

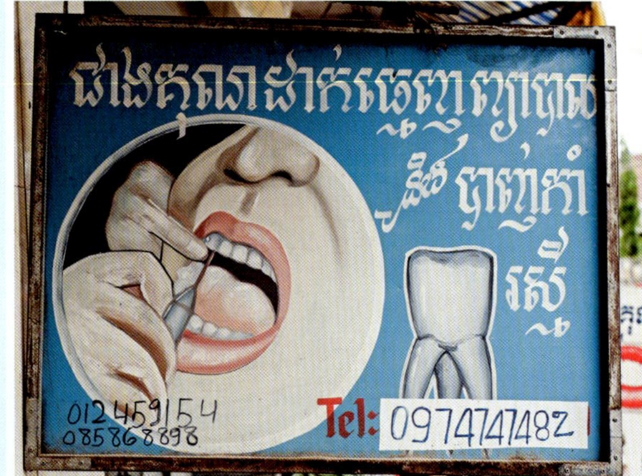

Rechts:
Aufklärung auf Kambodschanisch. Was gefährdet den Irrawaddy-Delfin? Da auf dem Land die Rate der Analphabeten sehr hoch ist, setzen die Hilfsorganisationen auf Bilder und Illustrationen.

Ganz rechts:
Handgemaltes Hinweisschild für einen Zahnarzt in Kambodscha. Zahnärzte in ländlichen Gegenden sollten nur im Notfall aufgesucht werden. Besser vor der Abreise den eigenen Arzt konsultieren.

Links:
Wo es keine Brücke gibt, pendeln Autofähren über den Mekong. Der Fährdienst in Neak Luong spielt eine wichtige Rolle in der Verkehrsinfrastruktur Kambodschas. Er ist Teil der Verbindung zwischen der Hauptstadt Phnom Penh und Ho-Chi-Minh-Stadt in Vietnam.

Unten:
Wer ein Stück mit dem Fahrrad am Mekong entlangradelt, bekommt schnell Kontakt zu den Einheimischen und findet schöne Aussichtspunkte. Vor dem Ausleihen eines Rades unbedingt Bremsen und Reifen kontrollieren!

Nützliche Informationen

Transportmittel
Leider ist der Mekong nur auf Teilstrecken schiffbar. In China kann der Tourist in Xishuangbanna, Süd-Yunnan, per Expressboot von Jinghong oder mit dem Frachtschiff von Guan Lei durch das Niemandsland zwischen Myanmar und Laos bis zum Goldenen Dreieck fahren.
In Thailand und Laos bieten Fahrer von Speedbooten ihre Dienste an. Ein sehr gefährliches Fortkommen. Die schmalen Holzboote brettern mit bis zu 70 km/h über die Wasseroberfläche. Unfälle passieren häufig. Aus eigener Erfahrung ist es ratsam, diese Boote zu meiden. Entspannend dagegen sind die Flussreisen mit den zwei luxuriösen Kabinenschiffen „Mekong Islands" und „Mekong Sun" in Laos. Wo keine Brücken sind, gelangt man mit kleinen Fährbooten über den Fluss, inklusive Räder und Moped. In Si Phan Don, Süd-Laos, bucht man eine Bootstour zu den Wasserfällen, Delfinen oder nur zur nächsten Insel in einem der vielen Gästehäuser oder direkt beim Fischer.
Die Grenzüberquerung per Expressboot von Phnom Penh nach Chau Doc ist eine angenehme Tagestour. In Vietnam schippert der Reisende mit dem Paddel- oder Motorboot durch die schmalen Kanäle im Mekong-Delta oder zu einem schwimmenden Markt.
Leihwagen, Mopeds und Fahrräder zum Selbstfahren werden in den meisten Touristenorten angeboten. Mit Ausnahme von Yunnan, wo das Auto mit Fahrer gemietet werden muss. Bei Mietfahrzeugen vor Fahrtantritt den optischen Zustand, Bremsen und Bereifung prüfen.

Unterkunft
In allen Touristenzentren stehen viele Übernachtungsmöglichkeiten für jedes Reisebudget zur Verfügung. Gästehäuser bieten saubere Zimmer mit und ohne Klimaanlage ab 10 Euro an. In der Mittelklasse ist die Auswahl groß und beginnt ab 25 Euro, teilweise inklusive Frühstück. Luxushotels gibt es nur in einigen Orten. In der gehobenen Kategorie werden auf den Zimmerpreis eine Servicegebühr und Steuern aufgeschlagen.
Überprüfen sollte jeder vorher die Matratzen, Türschlösser und die Distanz zur nächsten Bar oder Diskothek. Einige Hotels sind bei Vorbuchung im Internet günstiger.

Kleiner Länder-Knigge
Andere Länder, andere Sitten! Höflichkeit und Respekt haben einen hohen Stellenwert in den Mekong-Ländern. Der sogenannte Gesichtsverlust spielt dabei eine wichtige Rolle. Laut anschreien, wild gestikulieren, Wut und Ärger zeigen oder scharfe Kritik üben – Dinge, die man tunlichst vermeiden sollt Mit Selbstbeherrschung und einem Lächeln erreicht man in Asien wesentlich mehr.
Besonders die Thais, Laoten und Kambodschaner sind ruhige und tolerante Menschen. In Tempeln und Privatwohnungen gi es, Etikette zu wahren. Schulter- und kniebedeckende Kleidun tragen, Schuhe vor der Tür ausziehen. Füße nie in Richtung Menschen und Buddha-Statuen ausstrecken. Nur mit der rechten Hand essen oder Gegenstände an Personen übergebe denn die Linke gilt als unrein. Austausch von Zärtlichkeiten zwischen Frauen und Männern in der Öffentlichkeit sind verpö Baden oder sonnen oben ohne geht gar nicht.
In Vietnam wird schon eher zur Begrüßung die Hand geschütte Auf dem Markt ist der Geräuschpegel hoch. Hartnäckig handel schafft Anerkennung und kann mitunter viel Spaß bringen.
Bei den Chinesen geht es da etwas rauer zu. Zum Beispiel bei den Tischmanieren: Sie essen gern, was nicht zu überhören und zu übersehen ist. Essensreste bleiben auf dem Tisch liege oder landen auf dem Fußboden. Verhaltensweisen, wie rücksichtsloses Gedrängel, laute Verständigung oder auf den Bode spucken, stoßen bei Europäern oft auf Unverständnis.

Literatur
Stefan Loose Travel Handbücher, Südostasien – Die Mekong-Regic
Lonley Planet, Vietnam, Cambodia, Laos & Greater Mekong

Veranstalter und Internetseiten
Laos: Mehrtägige exklusive Flusskreuzfahrten mit den Kabinen schiffen „Mekong Islands" und „Mekong Sun" organisiert der Reiseveranstalter „Lernidee Erlebnisreisen" in 10777 Berlin, Eisenacher Straße 11, Telefon: 030/307860000, Internet: www.lernidee.de. Bei Fragen steht Herr Frederic Simon unter d Rufnummer 030/30786000-19 und E-Mail: f.simon@lernidee.de zur Verfügung.

Kambodscha: Expressboot von Phnom Penh nach Chau Doc, Hang Chau Tourist, 103 Sisowath Quay, Phnom Penh, Tel. 855-011-679744 oder 855-23-998935, E-Mail: hangchauboat@online.com.kh

Vietnam: Expressboot von Chau Doc nach Phnom Penh, Hang Chau Tourist, 14 Phan Dinh Phung St., Tel. (84) 76-3562771, E-Mail: hangchau2agg@hcm.vnn.vn, www.hangchautourist.com.vn (nur in Vietnamesisch).

Rechts:
Ein beliebtes Fotomotiv für Vietnamesen und Ausländer: Das alte Rathaus von Saigon, Bauzeit von 1901 bis 1908, mit der Ho-Chi-Minh-Statue dient seit 1975 als Sitz des Volkskomitees.

Ganz rechts:
Einst Unabhängigkeitspalast, heute Wiedervereinigungspalast. Am 30. April 1975 zerstörte ein Panzer der nordvietnamesischen Armee das Eingangstor und besiegelte damit den Fall Saigons sowie das Ende des Vietnamkrieges.

Links:
Wer denkt, dass Mopeds nur zum Fahren da sind, wird hier eines Besseren belehrt. Asiaten nutzen das Zweirad oft als Transporter.

Unten:
Beim Inselhüpfen in Si Phan Don kommt man ohne diese kleinen Personenfähren nicht voran. Sie setzen nach Anfrage über und kosten umgerechnet 50 Eurocent.

QINGHAI
5200m
Tanggula Shan
TIBET
Nyainqentanglha Shan
Lhasa
Ningjing Shan
Zi Ou
Za Ou
Ngom Ou
Taniantaweng Shan
Riwoqe
Qamdo
Dege
Shaluli Shan
Daxue Shan
CHONGQING
Chengdu
Leshan
Chongqing
Yibin
Lancang (Mekong)
Hengduan Shan
Batang
Zogang
Feilai Si
Meili
Deqin
Nu Shan
Zhongdian
INDIEN
CHINA
GUIZHOU
Guwahati
Lijiang
Guiyang
YUNNAN
Nu
Yongping
Dali (Xiaguan)
Qujing
Anlejie
Kunming
Wuliang Shan
Bangma Shan
Wuliang Shan
Dali
GUANGXI
Shuangjiang
Gejiu
Salween
Lancang (Mekong)
Nanning
Mandalay
Jinghong
Guan Lei
Yuan
BURMA (MYANMAR)
Babian
Keng Lap
Hanoi
Goldenes Dreieck
Hai Phong
Zhanjiang
Chiang Saen
Houay Xay
Irawaddy
Chiang Rai
Chiang Khong
Mekong
Ban Pak Ou
Golf von Tanking
Luang Prabang
Wat Xieng Thong
Muang Thadua
LAOS
VIETNAM
Chiang Mai
Salween
Pak Niam
Ban Tabok
Muang Liep
Pakxan
Vientiane
Chiang Khan
Nong Khai
Mekong
Phu Rua NP
Muang Hinboun
Udon Thani
Nakhon Phanom
Thakek
That Phanom
Hua Hat NP
Yangon (Rangun)
Savannakhet
Mukdahan
Hue
Khemmarat
Da Nang
THAILAND
Pha Taem NP
Muang Khongxedon
Khong Chiam
Ratchathani
Pakse
Champasak
Wat Phou
Si Phan Don
Bangkok
Somphamit Fälle
Khon Phabeng Fälle
Siem Reap
Stung Treng
Qui Nonh
KAMBODSCHA
Sambor
Andamanensee
Kratie
Chhlong
Kompong Chhnang
Kompong Cham
Südchinesisches Meer
Phnom Penh
Prek Vatt
Golf von Thailand
Hong Ngu
Ho-Chi-Minh-Stadt (Saigon)
Chau Doc
Long Xuyen
Sa Dec
My Tho
Vinh Long
Can Tho
Mekong
Soc Trang
Mekong-Mündungen
Bac Lieu
200 km

Sonnenaufgang am Mekong. Der Asiatische Elefant aus dem Elefantencamp Anantara im Goldenen Dreieck konnte sich die ganze Nacht zum Fressen frei bewegen. Das Camp wurde von dem Engländer John Roberts im Jahr 2003 gegründet. Hier finden viele Elefanten, die mit ihren Mahuts in Bangkoks Straßen betteln mussten, ein neues Zuhause.

Impressum

Buchgestaltung:
www.hoyerdesign.de

Karte:
Fischer Kartografie, Aichach

Printed in Germany
Repro: Artilitho snc, Lavis-Trento, Italien,
www.artilitho.com
Druck/Verarbeitung: Offizin Andersen Nexö, Leipzig

ISBN 978-3-8003-4609-7

Unser gesamtes Programm finden Sie unter:
www.verlagshaus.com

Annett und **Mario Weigt** leben in Berlin und arbeiten als freie Fotojournalisten mit den Schwerpunkten Reportage- und Reisefotografie. Die Mekong-Länder haben es ihnen dabei besonders angetan. Mehrmals im Jahr bereisen sie diese Region und suchen nach spannenden Geschichten. Dabei sind mehrere Bildbände über Vietnam, Kambodscha, Burma und Laos entstanden, die ebenfalls im Verlagshaus Würzburg erschienen sind. Für den Bildband „Abenteuer Mekong“ nahmen sich die beiden Autoren sieben Monate Zeit, um in zwei Etappen von China nach Vietnam zu reisen.

Mario Weigt wird weltweit von der Agentur Anzenberger vertreten. Die Reportagen und Fotografien erscheinen unter anderem in GEO, Der Spiegel, stern, Time magazine, Newsweek, Financial Times und National Geographic.
www.zoomobjekt.de